EN CADA EJEM-
PLAR DE LA CO-
LECCIÓN CARA Y
CRUZ EL LECTOR
ENCONTRARÁ DOS
LIBROS DISTINTOS
Y COMPLEMENTA-
RIOS • SI QUIERE
LEER *BODAS DE
SANGRE* DE FEDE-
RICO GARCÍA LOR-
ÇA, EMPIECE POR
ESTA, LA SECCIÓN
"CARA" DEL LIBRO
• SI PREFIERE AHO-
RA CONOCER EN-
SAYOS SOBRE LA
OBRA Y SU AUTOR,
CITAS A PROPÓ-
SITO DE ELLOS,
CRONOLOGÍA Y BI-
BLIOGRAFÍA, DELE
VUELTA AL LIBRO
Y EMPIECE, POR LA
TAPA OPUESTA, LA
SECCIÓN "CRUZ".

BODAS DE SANGRE

FEDERICO GARCÍA LORCA

BODAS DE SANGRE

COLECCIÓN

GRUPO EDITORIAL NORMA

Barcelona, Buenos Aires, Caracas,
Guatemala, México, Miami, Panamá, Quito, San José,
San Juan, Santa Fe de Bogotá, Santiago, Sao Paulo.

© Herederos de Federico García Lorca.
© de esta edición
EDITORIAL NORMA S. A. 1992
A. A. 53550 Santa Fe de Bogotá, Colombia
Impreso por Litocamargo Ltda.
Impreso en Colombia - Printed in Colombia

Editor: Iván Hernández
Diseño de la colección y de carátula:
Interlínea Editores
Fotografía: Paula Sanmartín

1ª. edición, abril de 1992
ISBN: 958-04-1513-7
CC:20018234

CONTENIDO

BODAS DE SANGRE

TRAGEDIA EN TRES ACTOS Y SIETE CUADROS

PERSONAJES

La madre
La novia
La suegra
La mujer de Leonardo
La criada
La vecina
Muchachas
Leonardo
El novio
El padre de la novia
La luna
La muerte (como mendiga)
Leñadores
Mozos

ACTO PRIMERO

CUADRO PRIMERO

Habitación pintada de amarillo

NOVIO. *(Entrando.)*
Madre.

MADRE.
¿Qué?

NOVIO.
Me voy.

MADRE.
¿Adónde?

NOVIO.
A la viña. *(Va a salir.)*

MADRE.
Espera.

NOVIO.
¿Quieres algo?

MADRE.
Hijo, el almuerzo.

NOVIO.
Déjalo. Comeré uvas. Dame la navaja.

11

MADRE.
¿Para qué?

NOVIO. (*Riendo.*)
Para cortarlas.

MADRE. (*Entre dientes y buscándola.*)
La navaja, la navaja... Malditas sean todas y el bribón
que las inventó.

NOVIO.
Vamos a otro asunto.

MADRE.
Y las escopetas y las pistolas y el cuchillo más pe-
queño, y hasta las azadas y los bieldos de la era.

NOVIO.
Bueno.

MADRE.
Todo lo que puede cortar el cuerpo de un hombre.
Un hombre hermoso, con su flor en la boca, que sale
a las viñas o va a sus olivos propios, porque son de él,
heredados...

NOVIO. (*Bajando la cabeza.*)
Calle usted.

MADRE.
...y ese hombre no vuelve. O si vuelve es para ponerle
una palma encima o un plato de sal gorda para que no

se hinche. No sé cómo te atreves a llevar una navaja en tu cuerpo, ni cómo yo dejo a la serpiente dentro del arcón.

NOVIO.
¿Está bueno ya?

MADRE.
Cien años que yo viviera, no hablaría de otra cosa. Primero tu padre, que me olía a clavel y lo disfruté tres años escasos. Luego, tu hermano. ¿Y es justo y puede ser que una cosa pequeña como una pistola o una navaja pueda acabar con un hombre, que es un toro? No callaría nunca. Pasan los meses y la desesperación me pica en los ojos y hasta en las puntas del pelo.

NOVIO. (*Fuerte.*)
¿Vamos a acabar?

MADRE.
No. No vamos a acabar. ¿Me puede alguien traer a tu padre? ¿Y a tu hermano? Y luego, el presidio. ¿Qué es el presidio? ¡Allí comen, allí fuman, allí tocan los instrumentos! Mis muertos llenos de hierba, sin hablar, hechos polvo; dos hombres que eran dos geranios... Los matadores, en presidio, frescos, viendo los montes...

NOVIO.
¿Es que quiere usted que los mate?

MADRE.

No... Si hablo, es porque... ¿Cómo no voy a hablar viéndote salir por esa puerta? Es que no me gusta que lleves navaja. Es que... que no quisiera que salieras al campo.

NOVIO. *(Riendo.)*
¡Vamos!

MADRE.

Que me gustaría que fueras una mujaer. No te irías al arroyo ahora y bordaríamos las dos cenefas y perritos de lana.

NOVIO.*(Coge de un brazo a la madre y ríe.)*
Madre, ¿y si yo la llevara conmigo a las viñas?

MADRE.

¿Qué hace en las viñas una vieja? ¿Me ibas a meter debajo de los pámpanos?

NOVIO. *(Levantándola en sus brazos.)*
Vieja, revieja, requetevieja.

MADRE.

Tu padre sí que me llevaba. Eso es buena casta. Sangre. Tu abuelo dejó a un hijo en cada esquina. Eso me gusta. Los hombres, hombres; el trigo, trigo.

NOVIO.
¿Y yo, madre?

MADRE.
¿Tú, qué?

NOVIO.
¿Necesito decírselo otra vez?

MADRE. *(Seria.)*
¡Ah!

NOVIO.
¿Es que le parece mal?

MADRE.
No.

NOVIO.
¿Entonces?...

MADRE.
No lo sé yo misma. Así, de pronto, siempre me sorprende. Yo sé que la muchacha es buena. ¿Verdad que sí? Modosa. Trabajadora. Amasa su pan y cose sus faldas, y siento, sin embargo, cuando la nombro, como si me dieran una pedrada en la frente.

NOVIO.
Tonterías.

MADRE.
Más que tonterías. Es que me quedo sola. Ya no me quedas más que tú, y siento que te vayas.

NOVIO.

Pero usted vendrá con nosotros.

MADRE.

No. Yo no puedo dejar aquí solos a tu padre y a tu hermano. Tengo que ir todas las mañanas, y si me voy es fácil que muera uno de los Félix, uno de la familia de los matadores, y lo entierren al lado. ¡Y eso sí que no! ¡Ca! ¡Eso sí que no! Porque con las uñas los desentierro y yo sola los machaco contra la tapia.

NOVIO. (*Fuerte.*)

Vuelta otra vez.

MADRE.

Perdóname. (*Pausa.*) ¿Cuánto tiempo llevas en relaciones?

NOVIO.

Tres años. Ya pude comprar la viña.

MADRE.

Tres años. Ella tuvo un novio, ¿no?

NOVIO.

No sé. Creo que no. Las muchachas tienen que mirar con quién se casan.

MADRE.

Sí. Yo no miré a nadie. Miré a tu padre, y cuando lo mataron miré a la pared de enfrente. Una mujer con un hombre, y ya está.

NOVIO.
Usted sabe que mi novia es buena.

MADRE.
No lo dudo. De todos modos, siento no saber cómo
fue su madre.

NOVIO.
¿Qué más da?

MADRE. (*Mirándole.*).
Hijo.

NOVIO.
¿Qué quiere usted?

MADRE.
¡Que es verdad! ¡Que tienes razón! ¿Cuándo quieres
que la pida?

NOVIO. (*Alegre.*)
¿Le parece bien el domingo?

MADRE.(*Seria.*)
Le llevaré los pendientes de azófar, que son antiguos,
y tú le compras...

NOVIO.
Usted entiende más...

MADRE.
Le compras unas medias caladas, y para ti dos trajes...
¡Tres! ¡No te tengo más que a ti!

Novio.
Me voy. Mañana iré a verla.

Madre.
Sí, sí; y a ver si me alegras con seis nietos, o los que te dé la gana, ya que tu padre no tuvo lugar de hacérmelos a mí.

Novio.
El primero para usted.

Madre.
Sí, pero que haya niñas. Que yo quiero bordar y hacer encaje y estar tranquila.

Novio.
Estoy seguro que usted querrá a mi novia.

Madre.
La querré. *(Se dirige a besarlo y reacciona.)* Anda, ya estás muy grande para besos. Se los das a tu mujer. *(Pausa. Aparte.)* Cuando lo sea.

Novio.
Me voy.

Madre.
Que caves bien la parte del molinillo, que la tienes descuidada.

Novio.
¡Lo dicho!

MADRE.

Anda con Dios. *(Váse el novio. La madre queda sentada de espaldas a la puerta. Aparece en la puerta una vecina vestida de color oscuro, con pañuelo a la cabeza.)* Pasa.

VECINA.

¿Cómo estás?

MADRE.

Ya ves.

VECINA.

Yo bajé a la tienda y vine a verte. ¡Vivimos tan lejos!...

MADRE.

Hace veinte años que no he subido a lo alto de la calle.

VECINA.

Tú estás bien.

MADRE.

¿Lo crees?

VECINA.

Las cosas pasan. Hace dos días trajeron al hijo de mi vecina con los dos brazos cortados por la máquina. *(Se sienta.)*

MADRE.

¿A Rafael?

VECINA.

Sí. Y allí lo tienes. Muchas veces pienso que tu hijo y

el mío están mejor donde están, dormidos, descansando, que no expuestos a quedarse inútiles.

MADRE.
Calla. Todo eso son invenciones, pero no consuelos.

VECINA.
¡Ay!

MADRE.
¡Ay!
(*Pausa.*)

VECINA. (*Triste.*)
¿Y tu hijo?

MADRE.
Salió.

VECINA.
¡Al fin compró la viña!

MADRE.
Tuvo suerte.

VECINA.
Ahora se casará.

MADRE. (*Como despertando y acercando su silla a la silla de la vecina.*)
Oye.

VECINA. *(En plan confidencial.)*
Dime.

MADRE.
¿Tú conoces a la novia de mi hijo?

VECINA.
¡Buena muchacha!

MADRE.
Sí, pero...

VECINA.
Pero quien la conozca a fondo no hay nadie. Vive sola con su padre allí, tan lejos, a diez leguas de la casa más cerca. Pero es buena. Acostumbrada a la soledad.

MADRE.
¿Y su madre?

VECINA.
A su madre la conocí. Hermosa. Le relucía la cara como a un santo; pero a mí no me gustó nunca. No quería a su marido.

MADRE. *(Fuerte).*
Pero ¡cuántas cosas sabéis las gentes!

VECINA.
Perdona. No quisiera ofender; pero es verdad. Ahora, si fue decente o no, nadie lo dijo. De esto no se ha hablado. Ella era orgullosa.

MADRE.
¡Siempre igual!

VECINA.
Tú me preguntaste.

MADRE.
Es que quisiera que ni a la viva ni a la muerta las conociera nadie. Que fueran como dos cardos, que ninguna persona los nombra y pinchan si llega el momento.

VECINA.
Tienes razón. Tu hijo vale mucho.

MADRE.
Vale. Por eso lo cuido. A mí me habían dicho que la muchacha tuvo novio hace tiempo.

VECINA.
Tendría ella quince años. Él se casó ya hace dos años con una prima de ella, por cierto. Nadie se acuerda del noviazgo.

MADRE.
¿Cómo te acuerdas tú?

VECINA.
¡Me haces unas preguntas!...

MADRE.
A cada uno le gusta enterarse de lo que le duele. ¿Quién fue el novio?

VECINA.
Leonardo.

MADRE.
¿Qué Leonardo?

VECINA.
Leonardo el de los Félix.

MADRE. (*Levantándose.*)
¡De los Félix!

VECINA.
Mujer, ¿qué culpa tiene Leonardo de nada? Él tenía ocho años cuando las cuestiones.

MADRE.
Es verdad... Pero oigo eso de Félix y es lo mismo *(Entre dientes.)* Félix que llenárseme de cieno la boca *(Escupe.)* y tengo que escupir, tengo que escupir por no matar.

VECINA.
Repórtate. ¿Qué sacas con eso?

MADRE.
Nada. Pero tú lo comprendes.

VECINA.
No te opongas a la felicidad de tu hijo. No le digas nada. Tú estás vieja. Yo, también. A ti y a mí nos toca callar.

MADRE.
No le diré nada.

VECINA. (*Besándola.*)
Nada.

MADRE. (*Serena.*)
¡Las cosas!...

VECINA.
Me voy, que pronto llegará mi gente del campo.

MADRE.
¿Has visto qué día de calor?

VECINA.
Iban negros los chiquillos que llevan el agua a los segadores. Adiós, mujer.

MADRE.
Adiós. (*Se dirige a la puerta de la izquierda. En medio del camino se detiene y lentamente se santigua.*)

Telón.

CUADRO SEGUNDO

*Habitación pintada de rosa con cobres y
ramos de flores populares.
En el centro, una mesa con mantel. Es la
mañana.*

Suegra de Leonardo con un niño en brazos. Lo mece. La mujer en la otra esquina, hace punto de media.

SUEGRA.

Nana, niño, nana
del caballo grande
que no quiso el agua.
El agua era negra
dentro de las ramas.
Cuando llega al puente
se detiene y canta.
¿Quién dirá, mi niño,
lo que tiene el agua
con su larga cola
por su verde sala?

MUJER. *(Bajo.)*

Duérmete, clavel,
que el caballo no quiere beber.

SUEGRA.

Duérmete, rosal,
que el caballo se pone a llorar.
Las patas heridas,
las crines heladas,
dentro de los ojos
un puñal de plata.
Bajaban al río.
¡Ay, cómo bajaban!
La sangre corría
más fuerte que el agua.

MUJER.

> Duérmete, clavel,
> que el caballo no quiere beber.

SUEGRA.

> Duérmete, rosal,
> que el caballo se pone a llorar.

MUJER.

> No quiso tocar
> la orilla mojada,
> su belfo caliente
> con moscas de plata.
> A los montes duros
> sólo relinchaba
> con el río muerto
> sobre la garganta.
> ¡Ay caballo grande
> que no quiso el agua!
> ¡Ay dolor de nieve,
> caballo del alba!

SUEGRA.

> ¡No vengas! Detente,
> cierra la ventana
> con rama de sueños
> y sueño de ramas.

MUJER.

> Mi niño se duerme.

SUEGRA.

> Mi niño se calla.

MUJER.

> Caballo, mi niño
> tiene una almohada.

SUEGRA.

> Su cuna de acero.

SUEGRA.

> Su colcha de holanda.

SUEGRA.

> Nana, niño, nana.

MUJER.

> ¡Ay caballo grande
> que no quiso el agua!

SUEGRA.

> ¡No vengas, no entres!
> Vete a la montaña.
> Por los valles grises
> donde está la jaca.

MUJER. *(Mirando.)*
> Mi niño se duerme.

SUEGRA.

> Mi niño descansa.

MUJER. *(Bajito.)*
> Duérmete, clavel,
> que el caballo no quiere beber.

27

SUEGRA. *(Levantándose, y muy bajito.)*
>   Duérmete, rosal,
>   que el caballo se pone a llorar.
(Entran al niño. Entra Leonardo.)

LEONARDO.
¿Y el niño?

MUJER.
Se durmió.

LEONARDO.
Ayer no estuvo bien. Lloró por la noche.

MUJER. *(Alegre.)*
Hoy está como una dalia. ¿Y tú? ¿Fuiste a casa del herrador?

LEONARDO.
De allí vengo. ¿Querrás creer? Llevo más de dos meses poniendo herraduras nuevas al caballo y siempre se le caen. Por lo visto se las arranca con las piedras.

MUJER.
¿Y no será que lo usas mucho?

LEONARDO.
No. Casi no lo utilizo.

MUJER.
Ayer me dijeron las vecinas que te habían visto al límite de los llanos.

28

LEONARDO.
¿Quién lo dijo?

MUJER.
Las mujeres que cogen las alcaparras. Por cierto que
me sorprendió. ¿Eras tú?

LEONARDO.
No. ¿Qué iba a hacer yo allí, en aquel secano?

MUJER.
Eso dije. Pero el caballo estaba reventando de sudor.

LEONARDO.
¿Lo viste tú?

MUJER.
No. Mi madre.

LEONARDO.
¿Está con el niño?

MUJER.
Sí. ¿Quieres un refresco de limón?

LEONARDO.
Con el agua bien fría.

MUJER.
¡Cómo no viniste a comer!...

LEONARDO.
Estuve con los medidores del trigo. Siempre entretie-
nen.

MUJER. (*Haciendo el refresco y muy tierna.*)
¿Y lo pagan a buen precio?

LEONARDO.
El justo.

MUJER.
Me hace falta un vestido y al niño una gorra con lazos.

LEONARDO. (*Levantándose.*)
Voy a verlo.

MUJER.
Ten cuidado, que está dormido.

SUEGRA. (*Saliendo.*)
Pero ¿quién da esas carreras al caballo? Está abajo, tendido, con los ojos desorbitados, como si llegara del fin del mundo.

LEONARDO. (*Agrio.*)
Yo.

SUEGRA.
Perdona; tuyo es.

MUJER. (*Tímida.*)
Estuvo con los medidores del trigo.

SUEGRA.
Por mí, que reviente. (*Se sienta.*)
(*Pausa.*)

MUJER.
El refresco. ¿Está frío?

LEONARDO.
Sí.

MUJER.
¿Sabes que piden a mi prima?

LEONARDO.
¿Cuándo?

MUJER.
Mañana. La boda será dentro de un mes. Espero que vendrán a invitarnos.

LEONARDO. *(Serio.)*
No sé.

SUEGRA.
La madre de él creo que no estaba muy satisfecha con el casamiento.

LEONARDO.
Y quizá tenga razón. Ella es de cuidado.

MUJER.
No me gusta que penséis mal de una buena muchacha.

SUEGRA.
Pero cuando dice eso es porque la conoce. ¿No ves que fue tres años novia suya? *(Con intención.)*

31

LEONARDO.

Pero la dejé. *(A su mujer.)* ¿Vas a llorar ahora? ¡Quita! *(Le aparta bruscamente las manos de la cara.)* Vamos a ver al niño. *(Entran abrazados.)*

(Aparece la muchacha, alegre. Entra corriendo.)

MUCHACHA.

Señora.

SUEGRA.

¿Qué pasa?

MUCHACHA.

Llegó el novio a la tienda y ha comprado todo lo mejor que había.

SUEGRA.

¿Vino solo?

MUCHACHA.

No, con su madre. Seria, alta. *(La imita.)* Pero ¡qué lujo!

SUEGRA.

Ellos tienen dinero.

MUCHACHA.

¡Y compraron unas medias caladas!... ¡Ay, qué medias! ¡El sueño de las mujeres en medias! Mire usted: una golondrina aquí *(Señala al tobillo.)*, un barco aquí *(Señala la pantorrilla.)* y aquí una rosa *(Señala el muslo.)*

SUEGRA.

¡Niña!

MUCHACHA.

¡Una rosa con las semillas y el tallo! ¡Ay! ¡Todo en seda!

SUEGRA.

Se van a juntar dos buenos capitales.
(Aparecen Leonardo y su mujer.

MUCHACHA.

Vengo a deciros lo que están comprando.

LEONARDO. *(Fuerte.)*
No nos importa.

MUJER.

Déjala.

SUEGRA.

Leonardo, no es para tanto.

MUCHACHA.

Usted dispense. *(Se va llorando.)*

SUEGRA.

¿Qué necesidad tienes de ponerte a mal con las gentes?

LEONARDO.

No le he preguntado su opinión. *(Se sienta.)*

SUEGRA.
Está bien.
(Pausa.)

MUJER. *(A Leonardo.)*
¿Qué te pasa? ¿Qué idea te bulle por dentro de la cabeza? No me dejes así, sin saber nada...

LEONARDO.
Quita.

MUJER.
No. Quiero que me mires y me lo digas.

LEONARDO.
Déjame. *(Se levanta.)*

MUJER.
¿Adónde vas, hijo?

LEONARDO. *(Agrio.)*
¿Te puedes callar?

SUEGRA. *(Enérgica, a su hija.)*
¡Cállate! *(Sale Leonardo.)* ¡El niño! *(Entra y vuelve a salir con él en brazos.)*
(La mujer ha permanecido de pie, inmóvil.)

> Las patas heridas,
> las crines heladas,
> dentro de los ojos
> un puñal de plata.
> Bajaban al río.

La sangre corría
más fuerte que el agua.

MUJER. *(Volviéndose lentamente y como soñando.)*
Duérmete, clavel,
que el caballo se pone a beber.

SUEGRA.
Duérmete, rosal,
que el caballo se pone a llorar.

MUJER.
Nana, niño, nana.

SUEGRA.
¡Ay, caballo grande,
que no quiso el agua!

MUJER. *(Dramática.)*
¡No vengas, no entres!
¡Vete a la montaña!
¡Ay dolor de nieve,
caballo del alba!

SUEGRA. *(Llorando.)*
Mi niño se duerme...

MUJER. *(Llorando y acercándose lentamente.)*
Mi niño descansa...

SUEGRA.
Duérmete, clavel,
que el caballo no quiere beber.

MUJER. *(Llorando y apoyándose sobre la mesa.)*
  Duérmete, rosal,
    que el caballo se pone a llorar.

Telón.

CUADRO TERCERO

Interior de la cueva donde vive la novia. Al fondo, una cruz de grandes flores rosa. Las puertas, redondas con cortinas de encaje y lazos rosa. Por las paredes, de material blanco y duro, abanicos redondos, jarros azules y pequeños espejos.

CRIADA.
Pasen... *(Muy afable, llena de hipocresía humilde. Entran el novio y su madre. La madre viste de raso negro y lleva mantilla de encaje. El novio, de pana negra con gran cadena de oro.)* ¿Se quieren sentar? Ahora vienen. *(Sale.)*
(Quedan madre e hijo sentados, inmóviles como estatuas. Pausa larga.)

MADRE.
¿Traes el reloj?

NOVIO.
Sí. *(Lo saca y lo mira.)*

MADRE.
Tenemos que volver a tiempo. ¡Qué lejos vive esta gente!

NOVIO.
Pero estas tierras son buenas.

MADRE.
Buenas; pero demasiado solas. Cuatro horas de camino y ni una casa ni un árbol.

NOVIO.
Estos son los secanos.

MADRE.
Tu padre los hubiera cubierto de árboles.

NOVIO.
¿Sin agua?

MADRE.
Ya la hubiera buscado. Los tres años que estuvo casado conmigo, plantó diez cerezos. *(Haciendo memoria.)* Los tres nogales del molino, toda una viña y una planta que se llama Júpiter, que da flores encarnadas, y se secó.
(Pausa.)

NOVIO. *(Por la novia.)*
Debe estar vistiéndose.
(Entra el padre de la novia. Es anciano, con el cabello blanco reluciente. Lleva la cabeza inclinada. La madre y el novio se levantan y se dan las manos en silencio.)

PADRE.
¿Mucho tiempo de viaje?

MADRE.

Cuatro horas. *(Se sientan.)*

PADRE.

Habéis venido por el camino más largo.

MADRE.

Yo estoy ya vieja para andar por las terreras del río.

NOVIO.

Se marea.

(Pausa.)

PADRE.

Buena cosecha de esparto.

NOVIO.

Buena de verdad.

PADRE.

En mi tiempo, ni esparto daba esta tierra. Ha sido necesario castigarla y hasta llorarla, para que nos dé algo provechoso.

MADRE.

Pero ahora da. No te quejes. Yo no vengo a pedirte nada.

PADRE. *(Sonriendo.)*

Tú eres más rica que yo. Las viñas valen un capital. cada pámpano una moneda de plata. Lo que siento es que las tierras... ¿entiendes?... estén separadas. A mí me gusta todo junto. Una espina tengo en el corazón, y es la huertecilla esa metida entre mis tierras, que no me quieren vender por todo el oro del mundo.

NOVIO.
Eso pasa siempre.

PADRE.
Si pudiéramos con veinte pares de bueyes traer tus viñas aquí y ponerlas en la ladera. ¡Qué alegría!...

MADRE.
¿Para qué?

PADRE.
Lo mío es de ella y lo tuyo de él. Por eso. Para verlo todo junto, ¡que junto es una hermosura!

NOVIO.
Y sería menos trabajo.

MADRE.
Cuando yo me muera, vendéis aquello y compráis aquí al lado.

PADRE.
Vender, ¡vender! ¡Bah!; comprar, hija, comprarlo todo. Si yo hubiera tenido hijos hubiera comprado todo este monte hasta la parte del arroyo. Porque no es buena tierra; pero con brazos se la hace buena, y como no pasa gente no te roban los frutos y puedes dormir tranquilo.
(Pausa.)

MADRE.
Tú sabes a lo que vengo.

PADRE.
Sí.

MADRE.
¿Y qué?

PADRE.
Me parece bien. Ellos lo han hablado.

MADRE.
Mi hijo tiene y puede.

PADRE.
Mi hija también.

MADRE.
Mi hijo es hermoso. No ha conocido mujer. La honra más limpia que una sábana puesta al sol.

PADRE.
Qué te digo de la mía. Hace las migas a las tres, cuando el lucero. No habla nunca; suave como la lana, borda toda clase de bordados y puede cortar una maroma con los dientes.

MADRE.
Dios bendiga su casa.

PADRE.
Que Dios la bendiga.

(Aparece la criada con dos bandejas. Una con copas y la otra con dulces.)

MADRE. *(Al hijo.)*
¿Cuándo queréis la boda?

NOVIO.
El jueves próximo.

PADRE.
Día en que ella cumple veintidós años justos.

MADRE.
¡Veintidós años! Esa edad tendría mi hijo mayor si viviera. Que viviría caliente y macho como era, si los hombres no hubieran inventado las navajas.

PADRE.
En eso no hay que pensar.

MADRE.
Cada minuto. Métete la mano en el pecho.

PADRE.
Entonces el jueves. ¿No es así?

NOVIO.
Así es.

PADRE.
Los novios y nosotros iremos en coche hasta la iglesia, que está muy lejos, y el acompañamiento en los carros y en las caballerías que traigan.

MADRE.

Conformes. *(Pasa la criada.)*

PADRE.

Dile que ya puede entrar. *(A la madre.)* Celebraré mucho que te guste.

(Aparece la novia. Trae las manos caídas en actitud modesta y la cabeza baja.)

MADRE.

Acércate. ¿Estás contenta?

NOVIA.

Sí, señora.

PADRE.

No debes estar seria. Al fin y al cabo ella va a ser tu madre.

NOVIA.

Estoy contenta. Cuando he dado el sí es porque quiero darlo.

MADRE.

Naturalmente. *(Le coge la barbilla.)* Mírame.

PADRE.

Se parece en todo a mi mujer.

MADRE.

¿Sí? ¡Qué hermoso mirar! ¿Tú sabes lo que es casarse, criatura?

NOVIA. *(Seria.)*
Lo sé.

MADRE.
Un hombre, unos hijos y una pared de dos varas de ancho para todo lo demás.

NOVIO.
¿Es que hace falta otra cosa?

MADRE.
No. Que vivan todos, ¡eso! ¡Que vivan!

NOVIA.
Yo sabré cumplir.

MADRE.
Aquí tienes unos regalos.

NOVIA.
Gracias.

PADRE.
¿No tomamos algo?

MADRE.
Yo no quiero. *(Al novio.)* ¿Y tú?

NOVIO.
Tomaré. *(Toma un dulce. La novia toma otro.)*

PADRE. *(Al novio.)*
¿Vino?

MADRE.
No lo prueba.

PADRE.
¡Mejor!
(Pausa. Todos están de pie.)

NOVIO. *(A la novia.)*
Mañana vendré.

NOVIA.
¿A qué hora?

NOVIO.
A las cinco.

NOVIA.
Yo te espero.

NOVIO.
Cuando me voy de tu lado siento un despego grande y así como un nudo en la garganta.

NOVIA.
Cuando seas mi marido ya no lo tendrás.

NOVIO.
Eso digo yo.

MADRE.
Vamos. El sol no espera. *(Al padre.)* ¿Conformes en todo?

PADRE.
Conformes.

MADRE. *(A la criada)*.
Adiós, mujer.

CRIADA.
Vayan ustedes con Dios.
(La madre besa a la novia y van saliendo en silencio.)

MADRE. *(En la puerta.)*
Adiós, hija.
(La novia contesta con la mano.)

PADRE.
Yo salgo con vosotros.
(Salen.)

CRIADA.
Que reviento por ver los regalos.

NOVIA. (Agria.)
Quita.

CRIADA.
Ay, niña, enséñamelos.

NOVIA.
No quiero.

CRIADA.
Siquiera las medias. Dicen que son todas caladas.
¡Mujer!

NOVIA.
¡Ea, que no!

CRIADA.
Por Dios. Está bien. Parece como si no tuvieras ganas de casarte.

NOVIA. *(Mordiéndose la mano con rabia.)*
¡Ay!

CRIADA.
Niña, hija, ¿qué te pasa? ¿Sientes dejar tu vida de reina? No pienses en cosas agrias. ¿Tienes motivo? Ninguno. Vamos a ver los regalos. *(Coge la caja.)*

NOVIA. *(Cogiéndola de las muñecas.)*
Suelta.

CRIADA.
¡Ay, mujer!

NOVIA.
Suelta he dicho.

CRIADA.
Tienes más fuerza que un hombre.

NOVIA.
¿No he hecho yo trabajos de hombre? ¡Ojalá fuera!

CRIADA.
¡No hables así!

NOVIA.

Calla he dicho. Hablemos de otro asunto.
(La luz va desapareciendo de la escena. Pausa larga.)

CRIADA.

¿Sentiste anoche un caballo?

NOVIA.

¿A qué hora?

CRIADA.

A las tres.

NOVIA.

Sería un caballo suelto de la manada.

CRIADA.

No. Llevaba jinete.

NOVIA.

¿Por qué lo sabes?

CRIADA.

Porque lo vi. Estuvo parado en tu ventana. Me chocó
mucho.

NOVIA.

¿No sería mi novio? Algunas veces ha pasado a esas
horas.

CRIADA.

No.

NOVIA.
¿Tú le viste?

CRIADA.
Sí.

NOVIA.
¿Quién era?

CRIADA.
Era Leonardo.

NOVIA. *(Fuerte.)*
¡Mentira! ¡Mentira! ¿A qué viene aquí?

CRIADA.
Vino.

NOVIA.
¡Cállate! ¡Maldita sea tu lengua!
(Se siente el ruido de un caballo.)

CRIADA. *(En la ventana.)*
Mira, asómate. ¿Era?

NOVIA.
¡Era!

Telón rápido.

ACTO SEGUNDO

CUADRO PRIMERO

Zaguán de casa de la novia. Portón al fondo. Es de noche. La novia sale con enaguas blancas encañonadas, llenas de encajes y puntas bordadas y un corpiño blanco, con los brazos al aire. La criada, lo mismo.

CRIADA.
Aquí te acabaré de peinar.

NOVIA.
No se puede estar ahí dentro, del calor.

CRIADA.
En estas tierras no refresca ni al amanecer.
(Se sienta la novia en una silla baja y se mira en un espejito de mano. La criada la peina.)

NOVIA.
Mi madre era de un sitio donde había muchos árboles. De tierra rica.

CRIADA.
¡Así era ella de alegre!

NOVIA.
Pero se consumió aquí.

CRIADA.

El sino.

NOVIA.

Como nos consumimos todas. Echan fuego las paredes. ¡Ay!, no tires demasiado.

CRIADA.

Es para arreglarte mejor esta onda. Quiero que te caiga sobre la frente. *(La novia se mira en el espejo.)* ¡Qué hermosa estás! ¡Ay! *(La besa apasionadamente.)*

NOVIA. *(Seria.)*

Sigue peinándome.

CRIADA. *(Peinándola.)*

¡Dichosa tú que vas a abrazar a un hombre, que lo vas a besar, que vas a sentir su peso!

NOVIA.

Calla.

CRIADA.

Y lo mejor es cuando te despiertes y lo sientas al lado y que él te roza los hombros con su aliento, como con una plumilla de ruiseñor.

NOVIA. *(Fuerte.)*

¿Te quieres callar?

CRIADA.

¡Pero, niña! Una boda, ¿qué es? Una boda es esto y nada más. ¿Son los dulces? ¿Son los ramos de flores?

No. Es una cama relumbrante y un hombre y una mujer.

CRIADA.

NOVIA.
No se debe decir.

CRIADA.
Eso es otra cosa. ¡Pero es bien alegre!

NOVIA.
O bien amargo.

CRIADA.
El azahar te lo voy a poner desde aquí hasta aquí, de modo que la corona luzca sobre el peinado. (*Le prueba un ramo de azahar.*)

NOVIA. (*Se mira en el espejo.*)
Trae. (*Coge el azahar y lo mira y deja caer la cabeza abatida.*)

CRIADA.
¿Qué es esto?

NOVIA.
Déjame.

CRIADA.
No son horas de ponerse triste. (*Animosa.*) Trae el azahar. (*La novia tira el azahar.*) ¡Niña! ¿Qué castigo pides tirando al suelo la corona? ¡Levanta esa frente! ¿Es que no te quieres casar? Dilo. Todavía te puedes arrepentir. (*Se levanta.*)

NOVIA.
Son nublos. Un mal aire en el centro, ¿quién no lo tiene?

CRIADA.
Tú quieres a tu novio.

NOVIA.
Lo quiero.

CRIADA.
Sí, sí, estoy segura.

NOVIA.
Pero éste es un paso muy grande.

CRIADA.
Hay que darlo.

NOVIA.
Ya me he comprometido.

CRIADA.
Te voy a poner la corona.

NOVIA. *(Se sienta.)*
Date prisa, que ya deben ir llegando.

CRIADA.
Ya llevarán lo menos dos horas de camino.

NOVIA.
¿Cuánto hay de aquí a la iglesia?

CRIADA.

Cinco leguas por el arroyo, que por el camino hay el doble.

(La novia se levanta y la criada se entusiasma al verla.)

> Despierte la novia
> la mañana de la boda.
> ¡Que los ríos del mundo
> lleven tu corona!

NOVIA. *(Sonriente.)*

Vamos.

CRIADA. *(La besa entusiasmada y baila alrededor.)*

> Que despierte
> con el ramo verde
> del laurel florido.
> ¡Que despierte
> por el tronco y la rama
> de los laureles!

(Se oyen unos aldabonazos.)

NOVIA.

¡Abre! Deben ser los primeros convidados. *(Entra.)*
(La criada abre sorprendida.)

CRIADA.

¿Tú?

LEONARDO.

Yo. Buenos días.

CRIADA.

¡El primero!

LEONARDO.
¿No me han convidado?

CRIADA.
Sí.

LEONARDO.
Por eso vengo.

CRIADA.
¿Y tu mujer?

LEONARDO.
Yo vine a caballo. Ella se acerca por el camino.

CRIADA.
¿No te has encontrado a nadie?

LEONARDO.
Los pasé con el caballo.

CRIADA.
Vas a matar al animal con tanta carrera.

LEONARDO.
¡Cuando se muera, muerto está!
(Pausa.)

CRIADA.
Siéntate. Todavía no se ha levantado nadie.

LEONARDO.
¿Y la novia?

CRIADA.
Ahora mismo la voy a vestir.

LEONARDO.
¡La novia! ¡Estará contenta!

CRIADA. *(Variando de conversación.)*
¿Y el niño?

LEONARDO.
¿Cuál?

CRIADA.
Tu hijo.

LEONARDO. *(Recordando como soñoliento.)*
¡Ah!

CRIADA.
¿Lo traen?

LEONARDO.
No.
(Pausa. Voces cantando muy lejos.)

VOCES.
                    ¡Despierte la novia
                    la mañana de la boda!

LEONARDO.
                    Despierte la novia
                    la mañana de la boda.

CRIADA.
Es la gente. Vienen lejos todavía.

LEONARDO. (*Levantándose.*)
La novia llevará una corona grande, ¿no? No debía ser tan grande. Un poco más pequeña le sentaría mejor. ¿Y trajo ya el novio el azahar que se tiene que poner en el pecho?

NOVIA. (*Apareciendo todavía en enaguas y con la corona de azahar puesta.*)
Lo trajo.

CRIADA. (*Fuerte.*)
No salgas así.

NOVIA.
¿Qué más da? (*Seria.*) ¿Por qué preguntas si trajeron el azahar? ¿Llevas intención?

LEONARDO.
Ninguna. ¿Qué intención iba a tener? (*Acercándose.*) Tú, que me conoces, sabes que no la llevo. Dímelo. ¿Quién he sido yo para ti? Abre y refresca tu recuerdo. Pero dos bueyes y una mala choza son casi nada. Esa es la espina.

NOVIA.
¿A qué vienes?

LEONARDO.
A ver tu casamiento.

56

NOVIA.

¡También yo vi el tuyo!

LEONARDO.

Amarrado por ti, hecho con tus dos manos. A mí me pueden matar, pero no me pueden escupir. Y la plata, que brilla tanto, escupe algunas veces.

NOVIA.

¡Mentira!

LEONARDO.

No quiero hablar, porque soy hombre de sangre y no quiero que todos estos cerros oigan mis voces.

NOVIA.

Las mías serían más fuertes.

CRIADA.

Estas palabras no pueden seguir. Tú no tienes que hablar de lo pasado. (*La criada mira a las puertas presa de inquietud.*)

NOVIA.

Tiene razón. Yo no debo hablarte siquiera. Pero se me calienta el alma de que vengas a verme y atisbar mi boda y preguntes con intención por el azahar. Vete y espera a tu mujer en la puerta.

LEONARDO.

¿Es que tú y yo no podemos hablar?

CRIADA. *(Con rabia.)*
No; no podéis hablar.

LEONARDO.
Después de mi casamiento he pensado noche y día de quién era la culpa, y cada vez que pienso sale una culpa nueva que se come a la otra; ¡pero siempre hay culpa!

NOVIA.
Un hombre con su caballo sabe mucho y puede mucho para poder estrujar a una muchacha metida en un desierto. Pero yo tengo orgullo. Por eso me caso. Y me encerraré con mi marido, a quien tengo que querer por encima de todo.

LEONARDO.
El orgullo no te servirá de nada. *(Se acerca.)*

NOVIA.
¡No te acerques!

LEONARDO.
Callar y quemarse es el castigo más grande que nos podemos echar encima. ¿De qué me sirvió a mí el orgullo y el no mirarte y el dejarte despierta noches y noches? ¡De nada! ¡Sirvió para echarme fuego encima! Porque tú crees que el tiempo cura y que las paredes tapan, y no es verdad, no es verdad. ¡Cuando las cosas llegan a los centros, no hay quien las arranque!

NOVIA. (*Temblando*.)
No puedo oírte. No puedo oír tu voz. Es como si me bebiera una botella de anís y me durmiera en una colcha de rosas. Y me arrastra, y sé que me ahogo, pero voy detrás.

CRIADA. *(Cogiendo a Leonardo por las solapas.)*
¡Debes irte ahora mismo!

LEONARDO.
Es la última vez que voy a hablar con ella. No temas nada.

NOVIA.
Y sé que estoy loca y sé que tengo el pecho podrido de aguantar, y aquí estoy quieta por oírlo, por verlo menear los brazos.

LEONARDO.
No me quedo tranquilo si no te digo estas cosas. Yo me casé. Cásate tú ahora.

CRIADA. *(A Leonardo.)*
¡Y se casa!

VOCES. *(Cantando más cerca.)*
Despierte la novia
la mañana de la boda.

NOVIA.
¡Despierte la novia!
(Sale corriendo a su cuarto.)

CRIADA.
Ya está aquí la gente. *(A Leonardo.)* No te vuelvas a acercar a ella.

LEONARDO.
Descuida. *(Sale por la izquierda.)*
(Empieza a clarear el día.)

MUCHACHA 1. *(Entrando.)*
Despierte la novia
la mañana de la boda;
ruede la ronda
y en cada balcón una corona.

VOCES.
¡Despierte la novia!

CRIADA. *(Moviendo algazara.)*
Que despierte
con el ramo verde
del amor florido.
¡Que despierte
por el tronco y la rama de los laure-
les!

MUCHACHA 2. *(Entrando.)*
Que despierte
con el largo pelo,
camisa de nieve,
botas de charol y plata
y jazmines en la frente.

CRIADA.

>   ¡Ay pastora,
>   que la luna asoma!

MUCHACHA 1.

>   ¡Ay galán,
>   deja tu sombrero por el olivar!

MOZO. (*Entrando con el sombrero en alto.*)

>   Despierte la novia,
>   que por los campos viene
>   rondando la boda,
>   con bandejas de dalias
>   y panes de gloria.

VOCES.

>   ¡Despierte la novia!

MUCHACHA 2.

>   La novia
>   se ha puesto su blanca corona,
>   y el novio
>   se la prende con lazos de oro.

CRIADA.

>   Por el toronjil
>   la novia no puede dormir.

MUCHACHA 3. (*Entrando.*)

>   Por el naranjel
>   el novio le ofrece cuchara y mantel.

(*Entran tres convidados.*)

Mozo 1.

> ¡Despierta, paloma!
> El alba despeja
> campanas de sombra

Convidado.

> La novia, la blanca novia,
> hoy doncella,
> mañana señora.

Muchacha 1.

> Baja, morena,
> arrastrando tu cola de seda.

Convidado.

> Baja, morenita,
> que llueve rocío la mañana fría.

Mozo 1.

> Despertad, señora, despertad,
> porque viene el aire lloviendo azahar.

Mozo 2.

> Un árbol quiero bordarle
> lleno de cintas granates
> y en cada cinta un amor
> con vivas alrededor.

Voces.

> Despierte la novia.

Mozo 1.

> ¡La mañana de la boda!

CONVIDADO.

> La mañana de la boda
> qué galana vas a estar;
> pareces, flor de los montes,
> la mujer de un capitán.

PADRE. *(Entrando.)*

> La mujer de un capitán
> se lleva el novio.
> ¡Ya viene con sus bueyes por el
> tesoro!

MUCHACHA 3.

> El novio
> parece la flor del oro.
> Cuando camina,
> a sus plantas se agrupan las claveli-
> nas.

CRIADA.

> ¡Ay mi niña dichosa!

MOZO 2.

> Que despierte la novia.

CRIADA.

> ¡Ay mi galana!

MUCHACHA 1.

> La boda está llamando
> por las ventanas.

MUCHACHA 2.

> Que salga la novia.

MUCHACHA 1.
                ¡Que salga, que salga!

CRIADA.
                ¡Que toquen y repiquen
                las campanas!

MOZO 1.
                ¡Que viene aquí! ¡Que sale ya!

CRIADA.
                ¡Como un toro, la boda
                levantándose está!

(Aparece la novia. Lleva un traje negro mil novecientos, con caderas y larga cola rodeada de gasas plisadas y encajes duros. Sobre el peinado de visera lleva la corona de azahar. Suenan las guitarras. Las muchachas besan a la novia.)

MUCHACHA 3.
¿Qué esencia te echaste en el pelo?

NOVIA. *(Riendo.)*
Ninguna.

MUCHACHA 2. *(Mirando el traje.)*
La tela es de lo que no hay.

MOZO 1.
¡Aquí está el novio!

NOVIO.
¡Salud!

MUCHACHA 1. *(Poniéndole una flor en la oreja.)*
El novio
parece la flor del oro.

MUCHACHA 2.
¡Aires de sosiego
le manan los ojos!
(El novio se dirige al lado de la novia.)

NOVIA.
¿Por qué te pusiste esos zapatos?

NOVIO.
Son más alegres que los negros.

MUJER DE LEONARDO. *(Entrando y besando a la novia.)*
¡Salud!
(Hablan todas con algazara.)

LEONARDO. *(Entrando como quien cumple un deber.)*
La mañana de casada
la corona te ponemos.

MUJER.
¡Para que el campo se alegre
con el agua de tu pelo!

MADRE. *(Al padre.)*
¿También están ésos aquí?

PADRE.
Son familia. ¡Hoy es día de perdones!

MADRE.
Me aguanto, pero no perdono.

NOVIO.
¡Con la corona da alegría mirarte!

NOVIA.
¡Vámonos pronto a la iglesia!

NOVIO.
¿Tienes prisa?

NOVIA.
Sí. Estoy deseando ser tu mujer y quedarme sola contigo, y no oír más voz que la tuya.

NOVIO.
¡Eso quiero yo!

NOVIA.
Y no ver más que tus ojos. Y que me abrazaras tan fuerte, que aunque me llamara mi madre, que está muerta, no me pudiera despegar de ti.

NOVIO.
Yo tengo fuerza en los brazos. Te voy a abrazar cuarenta años seguidos.

NOVIA. *(Dramática, cogiéndole del brazo.)*
¡Siempre!

PADRE.
¡Vamos pronto! ¡A coger las caballerías y los carros!
Que ya ha salido el sol.

MADRE.
¡Que llevéis cuidado! No sea que tengamos malahora.
(Se abre el gran portón del fondo. Empiezan a salir.)

CRIADA. *(Llorando.)*
   Al salir de tu casa,
   blanca doncella,
   acuérdate que sales
   como una estrella...

MUCHACHA 1.
   Limpia de cuerpo y ropa
   al salir de tu casa para la boda.
(Van saliendo.)

MUCHACHA 2.
   ¡Ya sales de tu casa
   para la iglesia!

CRIADA.
   ¡El aire pone flores
   por las arenas!

MUCHACHA 3.
   ¡Ay la blanca niña!

CRIADA.
   Aire oscuro el encaje
   de su mantilla.

(Salen. Se oyen guitarras, palillos y panderetas. Quedan solos Leonardo y su mujer.)

MUJER.
Vamos.

LEONARDO.
¿Adónde?

MUJER.
A la iglesia. Pero no vas en el caballo. Vienes conmigo.

LEONARDO.
¿En el carro?

MUJER.
¿Hay otra cosa?

LEONARDO.
Yo no soy hombre para ir en carro.

MUJER.
Y yo no soy mujer para ir sin su marido a un casamiento. ¡Que no puedo más!

LEONARDO.
¡Ni yo tampoco!

MUJER.
¿Por qué me miras así? Tienes una espina en cada ojo.

LEONARDO.
¡Vamos!

MUJER.
No sé lo que pasa. Pero pienso y no quiero pensar.
Una cosa sé. Yo ya estoy despachada. Pero tengo un
hijo. Y otro que viene. Vamos andando. El mismo sino
tuvo mi madre. Pero de aquí no me muevo.
(Voces fuera.)

VOCES.
> ¡Al salir de tu casa
> para la iglesia,
> acuérdate que sales
> como una estrella!

MUJER. *(Llorando.)*
> ¡Acuérdate que sales
> como una estrella!

Así salí yo de mi casa también. Que me cabía todo el
campo en la boca.

LEONARDO. *(Levantándose.)*
Vamos.

MUJER.
¡Pero conmigo!

LEONARDO.
Sí. *(Pausa.)* ¡Echa a andar! *(Salen.)*

Voces.

>Al salir de tu casa
>para la iglesia,
>acuérdate que sales
>como una estrella.

Telón lento.

CUADRO SEGUNDO

Exterior de la cueva de la novia.
Entonación en blancos grises y azules
fríos. Grandes chumberas. Tonos sombríos
y plateados. Panorama de mesetas color
barquillo, todo endurecido como paisaje
de cerámica popular.

CRIADA. *(Arreglando en una mesa copas y bande-*
jas.)

>Giraba,
>giraba la rueda
>y el agua pasaba,
>porque llega la boda,
>que se aparten las ramas
>y la luna se adorne
>por su blanca baranda.

(En voz alta.)

>¡Pon los manteles!

(En voz patética.)

>Cantaban,
>cantaban los novios
>y el agua pasaba,

porque llega la boda,
que relumbre la escarcha
y se llenen de miel
las almendras amargas.

(En voz alta.)

¡Prepara el vino!

(En voz poética.)

Galana.
Galana de la tierra,
mira cómo el agua pasa.
Porque llega tu boda
recógete las faldas
y bajo el ala del novio
nunca salgas de tu casa.
Porque el novio es un palomo
con todo el pecho de brasa
y espera el campo el rumor
de la sangre derramada.
Giraba,
giraba la rueda
y el agua pasaba.
¡Porque llega tu boda,
deja que relumbre el agua!

MADRE. *(Entrando.)*
¡Por fin!

PADRE.
¿Somos los primeros?

CRIADA.
No. Hace rato llegó Leonardo con su mujer. Corrie-
ron como demonios. La mujer llegó muerta de

miedo. Hicieron el camino como si hubieran venido a caballo.

PADRE.

Ese busca la desgracia. No tiene buena sangre.

MADRE.

¿Qué sangre va a tener? La de toda su familia. Mana de su bisabuelo, que empezó matando, y sigue en toda la mala ralea, manejadores de cuchillos y gente de falsa sonrisa.

PADRE.

¡Vamos a dejarlo!

CRIADA.

¿Cómo lo va a dejar?

MADRE.

Me duele hasta la punta de las venas. En la frente de todos ellos yo no veo más que la mano con que mataron a lo que era mío. ¿Tú me ves a mí? ¿No te parezco loca? Pues es loca de no haber gritado todo lo que mi pecho necesita. Tengo en mi pecho un grito siempre puesto de pie a quien tengo que castigar y meter entre los mantos. Pero me llevan a los muertos y hay que callar. Luego la gente critica. *(Se quita el manto.)*

PADRE.

Hoy no es día de que te acuerdes de esas cosas.

MADRE.
Cuando sale la conversación, tengo que hablar. Y hoy más. Porque hoy me quedo sola en mi casa.

PADRE.
En espera de estar acompañada.

MADRE.
Esa es mi ilusión: los nietos. (*Se sientan.*)

PADRE.
Yo quiero que tengan muchos. Esta tierra necesita brazos que no sean pagados. Hay que sostener una batalla con las malas hierbas, con los cardos, con los pedruscos que salen no se sabe dónde. Y estos brazos tienen que ser de los dueños, que castiguen y que dominen, que hagan brotar las simientes. Se necesitan muchos hijos.

MADRE.
¡Y alguna hija! ¡Los varones son del viento! Tienen por fuerza que manejar armas. Las niñas no salen jamás a la calle.

PADRE. (*Alegre.*)
Yo creo que tendrán de todo.

MADRE.
Mi hijo la cubrirá bien. Es de buena simiente. Su padre pudo haber tenido conmigo muchos hijos.

PADRE.

Lo que yo quisiera es que esto fuera cosa de un día.
Que en seguida tuvieran dos o tres hombres.

MADRE.

Pero no es así. Se tarda mucho. Por eso es tan terrible
ver la sangre de una derramada por el suelo. Una
fuente que corre un minuto y a nosotros nos ha
costado años. Cuando yo llegué a ver a mi hijo, estaba
tumbado en mitad de la calle. Me mojé las manos de
sangre y me las lamí con la lengua. Porque era mía. Tú
no sabes lo que es eso. En una custodia de cristal y
topacios pondría yo la tierra empapada por ella.

PADRE.

Ahora tienes que esperar. Mi hija es ancha y tu hijo es
fuerte.

MADRE.

Así espero. *(Se levantan.)*

PADRE.

Prepara las bandejas de trigo.

CRIADA.

Están preparadas.

MUJER DE LEONARDO. *(Entrando.)*

¡Que sea para bien!

MADRE.

Gracias.

LEONARDO.
¿Va a haber fiesta?

PADRE.
Poca. La gente no puede entretenerse.

CRIADA.
¡Ya están aquí!
(Van entrando invitados en alegres grupos. Entran los novios cogidos del brazo. Sale Leonardo.)

NOVIO.
En ninguna boda se vio tanta gente.

NOVIA. *(Sombría.)*
En ninguna.

PADRE.
Fue lucida.

MADRE.
Ramas enteras de familias han venido.

NOVIO.
Gente que no salía de su casa.

MADRE.
Tu padre sembró mucho y ahora lo recoges tú.

NOVIO.
Hubo primos míos que yo ya no conocía.

MADRE.
Toda la gente de la costa.

NOVIO. *(Alegre.)*
Se espantaban de los caballos.
(Hablan.)

MADRE. *(A la novia.)*
¿Qué piensas?

NOVIA.
No pienso en nada.

MADRE.
Las bendiciones pesan mucho.
(Se oyen guitarras.)

NOVIA.
Como plomo.

MADRE. *(Fuerte.)*
Pero no han de pesar. Ligera como paloma debes ser.

NOVIA.
¿Se queda usted aquí esta noche?

MADRE.
No. Mi casa está sola.

NOVIA.
¡Debía usted quedarse!

PADRE. *(A la madre.)*
Mira el baile que tienen formado. Bailes de allá de la orilla del mar.
(Sale Leonardo y se sienta. Su mujer detrás de él, en actitud rígida.)

MADRE.
Son los primos de mi marido. Duros como piedras para la danza.

PADRE.
Me alegra el verlos. ¡Qué cambio para esta casa! *(Se va.)*

NOVIO. *(A la novia.)*
¿Te gustó el azahar?

NOVIA. *(Mirándole fija.)*
Sí.

NOVIO.
Es todo de cera. Dura siempre. Me hubiera gustado que llevaras en todo el vestido.

NOVIA.
No hace falta.
(Mutis Leonardo por la derecha.)

MUCHACHA 1.
Vamos a quitarle los alfileres.

77

NOVIA. *(Al novio.)*
Ahora vuelvo.

MUJER.
¡Que seas feliz con mi prima!

NOVIO.
Tengo seguridad.

MUJER.
Aquí los dos; sin salir nunca y a levantar la casa. ¡Ojalá yo viviera también así de lejos!

NOVIO.
¿Por qué no compráis tierras? El monte es barato y los hijos se crían mejor.

MUJER.
No tenemos dinero. ¡Y con el camino que llevamos!...

NOVIO.
Tu marido es un buen trabajador.

MUJER.
Sí, pero le gusta volar demasiado. Ir de una cosa a otra. No es hombre tranquilo.

CRIADA.
¿No tomáis nada? Te voy a envolver unos roscos de vino para tu madre, que a ella le gustan mucho.

NOVIO.
Ponle tres docenas.

MUJER.
No, no. Con media tiene bastante.

NOVIO.
Un día es un día.

MUJER. *(A la criada.)*
¿Y Leonardo?

CRIADA.
No lo vi.

NOVIO.
Debe estar con la gente.

MUJER.
¡Voy a ver! *(Se va.)*

CRIADA.
Aquello está hermoso.

NOVIO.
¿Y tú no bailas?

CRIADA.
No hay quien me saque.
(Pasan al fondo dos muchachas; durante todo este acto el fondo será un animado cruce de figuras.)

NOVIO. *(Alegre.)*
Eso se llama no entender. Las viejas frescas como tú bailan mejor que las jóvenes.

CRIADA.

Pero ¿vas a echarme requiebros, niño? ¡Qué familia la tuya! ¡Machos entre los machos! Siendo niña vi la boda de tu abuelo. ¡Qué figura! Parecía como si se casara un monte.

NOVIO.

Yo tengo menos estatura.

CRIADA.

Pero el mismo brillo en los ojos. ¿Y la niña?

NOVIO.

Quitándose la toca.

CRIADA.

¡Ah! Mira. Para la medianoche, como no dormiréis, os he preparado jamón y unas copas grandes de vino antiguo. En la parte baja de la alacena. Por si lo necesitáis.

NOVIO. *(Sonriente.)*

No como a medianoche.

CRIADA. *(Con malicia.)*

Si tú no, la novia. *(Se va.)*

MOZO 1. *(Entrando.)*

¡Tienes que beber con nosotros!

NOVIO.

Estoy esperando a la novia.

MOZO 2.
¡Ya la tendrás en la madrugada!

MOZO 1.
¡Que es cuando más gusta!

MOZO 2.
Un momento.

NOVIO.
Vamos.
(Salen. Se oye gran algazara. Sale la novia. Por el lado opuesto salen dos muchachas corriendo a encontrarla.)

MUCHACHA 1.
¿A quién diste el primer alfiler, a mí o a ésta?

NOVIA.
No me acuerdo.

MUCHACHA 1.
A mí me lo diste aquí.

MUCHACHA 2.
A mí delante del altar.

NOVIA. *(Inquieta y con una gran lucha interior.)*
No sé nada.

MUCHACHA 1.
Es que yo quisiera que tú...

81

NOVIA. *(Interrumpiendo.)*
Ni me importa. Tengo mucho que pensar.

MUCHACHA 2.
Perdona.
(Leonardo cruza el fondo.)

NOVIA. *(Ve a Leonardo.)*
Y estos momentos son agitados.

MUCHACHA 1.
¡Nosotras no sabemos nada!

NOVIA.
Ya lo sabréis cuando os llegue la hora. Estos pasos son pasos que cuestan mucho.

MUCHACHA 1.
¿Te ha disgustado?

NOVIA.
No. Perdonad vosotras.

MUCHACHA 2.
¿De qué? Pero los dos alfileres sirven para casarse, ¿verdad?

NOVIA.
Los dos.

MUCHACHA 1.
Ahora, que una se casa antes que otra.

NOVIA.
¿Tantas ganas tenéis?

MUCHACHA 2. *(Vergonzosa.)*
Sí.

NOVIA.
¿Para qué?

MUCHACHA 1.
Pues... *(Abrazando a la segunda.)*
(Echan a correr las dos. Llega el novio y, muy despacio, abraza a la novia por detrás.)

NOVIA. *(Con gran sobresalto.)*
¡Quita!

NOVIO.
¿Te asustas de mí?

NOVIA.
¡Ay! ¿Eras tú?

NOVIO.
¿Quién iba a ser? *(Pausa.)* Tu padre o yo.

NOVIA.
¡Es verdad!

NOVIO.
Ahora que tu padre te hubiera abrazado más blando.

NOVIA. *(Sombría.)*
¡Claro!

NOVIO.
Porque es viejo. *(La abraza fuertemente de un modo un poco brusco.)*

NOVIA. *(Seca.)*
¡Déjame!

NOVIO.
¿Por qué? *(La deja.)*

NOVIA.
Pues... la gente. Pueden vernos.
(Vuelva a cruzar el fondo la criada, que no mira a los novios.)

NOVIO.
¿Y qué? Ya es sagrado.

NOVIA.
Sí, pero déjame... Luego.

NOVIO.
¿Qué tienes? ¡Estás como asustada!

NOVIA.
No tengo nada. No te vayas.
(Sale la mujer de Leonardo.)

MUJER.
No quiero interrumpir...

NOVIO.
Dime.

MUJER.
¿Pasó por aquí mi marido?

NOVIO.
No.

MUJER.
Es que no le encuentro y el caballo no está tampoco
en el establo.

NOVIO. *(Alegre.)*
Debe estar dándole una carrera.
(Se va la mujer, inquieta. Sale la criada.)

CRIADA.
¿No andáis satisfechos de tanto saludo?

NOVIO.
Ya estoy deseando que esto acabe. La novia está un
poco cansada.

CRIADA.
¿Qué es eso, niña?

NOVIA.
¡Tengo como un golpe en las sienes!

CRIADA.
Una novia de estos montes debe ser fuerte. *(Al novio.)*

Tú eres el único que la puede curar, porque tuya es.
(*Sale corriendo.*)

NOVIO. (*Abrazándola.*)
Vamos un rato al baile. (*La besa.*)

NOVIA. (*Angustiada.*)
No. Quisiera echarme en la cama un poco.

NOVIO.
Yo te haré compañía.

NOVIA.
¡Nunca! ¿Con toda la gente aquí? ¿Qué dirían?
Déjame sosegar un momento.

NOVIO.
¡Lo que quieras! ¡Pero no estés así por la noche!

NOVIA. (*En la puerta.*)
A la noche estaré mejor.

NOVIO.
¡Que es lo que yo quiero!
(*Aparece la madre.*)

MADRE.
Hijo.

NOVIO.
¿Dónde anda usted?

MADRE.
En todo ese ruido. ¿Estás contento?

NOVIO.
Sí.

MADRE.
¿Y tu mujer?

NOVIO.
Descansa un poco. ¡Mal día para las novias!

MADRE.
¿Mal día? El único bueno. Para mí fue como una herencia. *(Entra la criada y se dirige al cuarto de la novia.)* Es la roturación de las tierras, la plantación de árboles nuevos.

NOVIO.
¿Usted se va a ir?

MADRE.
Sí. Yo tengo que estar en mi casa.

NOVIO.
Sola.

MADRE.
Sola, no. Que tengo la cabeza llena de cosas y de hombres y de luchas.

NOVIO.
Pero luchas que ya no son luchas.

87

(Sale la criada rápidamente; desaparece corriendo por el fondo.)

MADRE.
Mientras una vive, lucha.

NOVIO.
¡Siempre la obedezco!

MADRE.
Con tu mujer procura estar cariñoso, y si la notas infatuada o arisca, hazle una caricia que le produzca un poco de daño, un abrazo fuerte, un mordisco y luego un beso suave. Que ella no pueda disgustarse, pero que sienta que tú eres el macho, el amo, el que mandas. Así aprendí de tu padre. Y como no lo tienes, tengo que ser yo la que te enseñe estas fortalezas.

NOVIO.
Yo siempre haré lo que usted mande.

PADRE. *(Entrando.)*
¿Y mi hija?

NOVIO.
Está dentro.

MUCHACHA 1.
¡Vengan los novios, que vamos a bailar la rueda!

MOZO 1. *(Al novio.)*
Tú la vas a dirigir.

PADRE. *(Saliendo.)*
¡Aquí no está!

NOVIO.
¿No?

PADRE.
Debe haber subido a la baranda.

NOVIO.
¡Voy a ver! *(Entra.)*
(Se oye algazara y guitarras.)

MUCHACHA 1.
¡Ya ha empezado! *(Sale.)*

NOVIO. *(Saliendo.)*
No está.

MADRE. *(Inquieta.)*
¿No?

PADRE.
¿Y adónde puede haber ido?

CRIADA. *(Entrando.)*
¿Y la niña, dónde está?

MADRE. *(Seria.)*
No lo sabemos.
(Sale el novio. Entran tres invitados.)

PADRE. *(Dramático.)*
Pero ¿no está en el baile?

CRIADA.
En el baile no está.

PADRE. *(Con arranque.)*
Hay mucha gente. ¡Mirad!

CRIADA.
¡Ya he mirado!

PADRE. *(Trágico.)*
¿Pues dónde está?

NOVIO. *(Entrando.)*
Nada. En ningún sitio.

MADRE. *(Al padre.)*
¿Qué es esto? ¿Dónde está tu hija?
(Entra la mujer de Leonardo.)

MUJER.
¡Han huído! ¡Han huído! Ella y Leonardo. En el
caballo. Van abrazados, como una exhalación.

PADRE.
¡No es verdad! ¡Mi hija, no!

MADRE.
¡Tu hija, sí! Planta de mala madre, y él, él también, él.
¡Pero ya es la mujer de mi hijo!

NOVIO. *(Entrando.)*
¡Vamos detrás! ¿Quién tiene un caballo?

MADRE.
¿Quién tiene un caballo ahora mismo, quién tiene un caballo? Que le daré todo lo que tengo, mis ojos y hasta mi lengua...

VOZ.
Aquí hay uno.

MADRE. *(Al hijo.)*
¡Anda! ¡Detrás! *(Salen con dos mozos.)* No. No vayas. Esa gente mata pronto y bien...; ¡pero sí, corre, y yo detrás!

PADRE.
No será ella. Quizá se haya tirado al aljibe.

MADRE.
Al agua se tiran las honradas, las limpias; ¡ésa, no! Pero ya es mujer de mi hijo. Dos bandos. Aquí hay ya dos bandos. *(Entran todos.)* Mi familia y la tuya. Salid todos de aquí. Limpiarse el polvo de los zapatos. Vamos a ayudar a mi hijo. *(La gente se separa en dos grupos.)* Porque tiene gente; que son: sus primos del mar y todos los que llegan de tierra adentro. ¡Fuera de aquí! Por todos los caminos. Ha llegado otra vez la hora de la sangre. Dos bandos. Tú con el tuyo y yo con el mío. ¡Atrás! ¡Atrás!

Telón.

ACTO TERCERO

CUADRO PRIMERO

Bosque. Es de noche. Grandes troncos
húmedos. Ambiente oscuro. Se oyen dos
violines. Salen tres leñadores.

LEÑADOR 1.
¿Y los han encontrado?

LEÑADOR 2.
No. Pero los buscan por todas partes.

LEÑADOR 3.
Ya darán con ellos.

LEÑADOR 2.
¡Chissss!

LEÑADOR 3.
¿Qué?

LEÑADOR 2.
Parece que se acercan por todos los caminos a la vez.

LEÑADOR 1.
Cuando salga la luna los verán.

LEÑADOR 2.
Debían dejarlos.

LEÑADOR 1.
El mundo es grande. Todos pueden vivir en él.

LEÑADOR 3.
Pero los matarán.

LEÑADOR 2.
Hay que seguir la inclinación; han hecho bien en huir.

LEÑADOR 1.
Se estaban engañando uno a otro y al fin la sangre pudo más.

LEÑADOR 3.
¡La sangre!

LEÑADOR 1.
Hay que seguir el camino de la sangre.

LEÑADOR 2.
Pero sangre que ve la luz se la bebe la tierra.

LEÑADOR 1.
¿Y qué? Vale más ser muerto desangrado que vivo con ella podrida.

LEÑADOR 3.
Callar.

LEÑADOR 1.
¿Qué? ¿Oyes algo?

LEÑADOR 3.

Oigo los grillos, las ranas, el acecho de la noche.

LEÑADOR 1.

Pero el caballo no se siente.

LEÑADOR 3.

No.

LEÑADOR 1.

Ahora la estará queriendo.

LEÑADOR 2.

El cuerpo de ella era para él y el cuerpo de él para ella.

LEÑADOR 3.

Los buscan y los matarán.

LEÑADOR 1.

Pero ya habrán mezclado sus sangres y serán como dos cántaros vacíos, como dos arroyos secos.

LEÑADOR 2.

Hay muchas nubes y será fácil que la luna no salga.

LEÑADOR 3.

El novio los encontrará con luna o sin luna. Yo lo vi salir. Como una estrella furiosa. La cara color ceniza. Expresaba el sino de su casta.

LEÑADOR 1.

Su casta de muertos en mitad de la calle.

LEÑADOR 2.
¡Eso es!

LEÑADOR 3.
¿Crees que ellos lograrán romper el cerco?

LEÑADOR 2.
Es difícil. Hay cuchillos y escopetas a diez leguas a la redonda.

LEÑADOR 3.
Él lleva buen caballo.

LEÑADOR 2.
Pero lleva una mujer.

LEÑADOR 1.
Ya estamos cerca.

LEÑADOR 2.
Un árbol de cuarenta ramas. Lo cortaremos pronto.

LEÑADOR 3.
Ahora sale la luna. Vamos a darnos prisa.
(Por la izquierda surge una claridad.)

LEÑADOR 1.
¡Ay luna que sales!
Luna de las hojas grandes.

LEÑADOR 2.
¡Llena de jazmines la sangre!

LEÑADOR 1.
> ¡Ay luna sola!
> ¡Luna de las verdes hojas!

LEÑADOR 2.
> Plata en la cara de la novia.

LEÑADOR 3.
> ¡Ay luna mala!
> Deja para el amor la oscura rama.

LEÑADOR 1.
> ¡Ay triste luna!
> ¡Deja para el amor la rama oscura!

(Salen. Por la claridad de la izquierda aparece la Luna. La Luna es un leñador joven con la cara blanca. La escena adquiere un vivo resplandor azul.)

LUNA.
> Cisne redondo en el río,
> ojos de las catedrales,
> alba fingida en las hojas
> soy; ¡no podrán escaparse!
> ¿Quién se oculta? ¿Quién solloza
> por la maleza del valle?
> La luna deja un cuchillo
> abandonado en el aire,
> que siendo acecho de plomo
> quiere ser dolor de sangre.
> ¡Dejadme entrar! ¡Vengo helada
> por paredes y cristales!
> ¡Abrid tejados y pechos
> donde pueda calentarme!

¡Tengo frío! Mis cenizas
de soñolientos metales
buscan la cresta del fuego
por los montes y las calles.
Pero me lleva la nieve
sobre su espalda de jaspe,
y me anega, dura y fría,
el agua de los estanques.
Pues esta noche tendrán
mis mejillas roja sangre,
y los juncos agrupados
en los anchos pies del aire.
¡No haya sombra ni emboscada,
que no puedan escaparse!
¡Que quiero entrar en un pecho
para poder calentarme!
¡Un corazón para mí!
¡Caliente!, que se derrame
por los montes de mi pecho;
dejadme entrar, ¡ay, dejadme!

(A las ramas.)

No quiero sombras. Mis rayos
han de entrar en todas partes,
y haya en los troncos oscuros
un rumor de claridades,
para que esta noche tengan
mis mejillas dulce sangre,
y los juncos agrupados
en los anchos pies del aire.
¿Quién se oculta? ¡Afuera digo!
¡No! ¡No podrán escaparse!
Yo haré lucir al caballo

una fiebre de diamante.

(Desaparece entre los troncos, y vuelve la escena a su luz oscura. Sale una anciana totalmente cubierta por tenues paños verdeoscuro. Lleva los pies descalzos. Apenas si se le verá el rostro entre los pliegues. Este personaje no figura en el reparto.)

MENDIGA.

Esa luna se va, y ellos se acercan.
De aquí no pasan. El rumor del río
apagará con el rumor de troncos
el desgarrado vuelo de los gritos.
Aquí ha de ser, y pronto. Estoy cansada.
Abren los cofres, y los blancos hilos
aguardan por el suelo de la alcoba
cuerpos pesados con el cuello herido.
No se despierte un pájaro y la brisa,
recogiendo en su falda los gemidos,
huya con ellos por las negras copas
o los entierre por el blanco limo.
¡Esa luna, esa luna!

(Impaciente.)

¡Esa luna, esa luna!

(Aparece la Luna. Vuelve la luz intensa.)

LUNA.

Ya se acercan.
Unos por la cañada y otros por el río.
Voy a alumbrar las piedras. ¿Qué
necesitas?

MENDIGA.

Nada.

LUNA.

El aire va llegando duro, con doble
filo.

MENDIGA.

Ilumina el chaleco y aparte los boto-
nes,
que después las navajas ya saben el
camino.

LUNA.

Pero que tarden mucho en morir.
Que la sangre
me ponga entre los dedos su deli-
cado silbo.
¡Mira que ya mis valles de ceniza
despiertan
en ansia de esta fuente de chorro
estremecido!

MENDIGA.

No dejemos que pasen el arroyo.
¡Silencio!

LUNA.

¡Allí vienen!
(Se va. Queda la escena oscura.)

MENDIGA.

De prisa. Mucha luz. ¿Me has oído?

¡No pueden escaparse!

(Entran el novio y mozo 1. La mendiga se sienta y se tapa con el manto.)

NOVIO.

Por aquí.

MOZO 1.

No los encontrarás.

NOVIO. *(Enérgico.)*

¡Sí los encontraré!

MOZO 1.

Creo que se han ido por otra vereda.

NOVIO.

No. Yo sentí hace un momento el galope.

MOZO 1.

Sería otro caballo.

NOVIO. *(Dramático.)*

Oye. No hay más que un caballo en el mundo, y es éste. ¿Te has enterado? Si me sigues, sígueme sin hablar.

MOZO 1.

Es que yo quisiera...

NOVIO.

Calla. Estoy seguro de econtrármelos aquí. ¿Ves este brazo? Pues no es mi brazo. Es el brazo de mi

hermano y el de mi padre y el de toda mi familia que
está muerta. Y tiene tanto poderío, que puede arran-
car este árbol de raíz si quiere. Y vamos pronto, que
siento los dientes de todos los míos clavados aquí de
una manera que se me hace imposible respirar tranquilo.

MENDIGA. *(Quejándose.)*
¡Ay!

MOZO 1.
¿Has oído?

NOVIO.
Vete por ahí y da la vuelta.

MOZO 1.
Esto es una caza.

NOVIO.
Una caza. La más grande que se puede hacer.
*(Se va el mozo. El novio se dirige rápidamente hacia la
izquierda y tropieza con la mendiga. La muerte.)*

MENDIGA.
¡Ay!

NOVIO.
¿Qué quieres?

MENDIGA.
Tengo frío.

102

Novio.
¿Adónde te diriges?

Mendiga. *(Siempre quejándose como una mendiga.)*
Allá lejos...

Novio.
¿De dónde vienes?

Mendiga.
De allí..., de muy lejos.

Novio.
¿Viste un hombre y una mujer que corrían montados en un caballo?

Mendiga. *(Despertándose.)*
Espera... *(Lo mira.)* Hermoso galán. *(Se levanta.)* Pero mucho más hermoso si estuviera dormido.

Novio.
Dime, contesta, ¿los viste?

Mendiga.
Espera... ¡Qué espaldas más anchas! ¿Cómo no te gusta estar tendido sobre ellas y no andar sobre las plantas de los pies, que son tan chicas?

Novio. *(Zamarreándola.)*
¡Te digo si los viste! ¿Han pasado por aquí?

MENDIGA. *(Enérgica.)*
No han pasado; pero están saliendo de la colina. ¿No los oyes?

NOVIO.
No.

MENDIGA.
¿Tú no conoces el camino?

NOVIO.
¡Iré, sea como sea!

MENDIGA.
Te acompañaré. Conozco esta tierra.

NOVIO. *(Impaciente.)*
¡Pero vamos! ¿Por dónde?

MENDIGA. *(Dramática.)*
¿¡Por allí!
(Salen rápidos. Se oyen lejanos dos violines que expresan el bosque. Vuelven los leñadores. Llevan las hachas al hombro. Pasan lentos entre los troncos.)

LEÑADOR 1.
¡Ay muerte que sales!
Muerte de las hojas grandes.

LEÑADOR 2.
¡No abras el chorro de la sangre!

LEÑADOR 1.

    ¡Ay muerte sola!
    Muerte de las secas hojas

LEÑADOR 3.

    ¡No cubras de flores la boda!

LEÑADOR 2.

    ¡Ay triste muerte!
    Deja para el amor la rama verde.

LEÑADOR 1.

    ¡Ay muerte mala!
    ¡Deja para el amor la verde rama!

(Van saliendo mientras hablan. Aparecen Leonardo y la novia.)

LEONARDO.

    ¡Calla!

NOVIA.

    Desde aquí yo me iré sola.
    ¡Vete! ¡Quiero que te vuelvas!

LENARDO

    ¡Calla, digo!

NOVIA.

    Con los dientes, con las manos,
    como puedas,
    quita de mi cuello honrado
    el metal de esta cadena,

dejándome arrinconada
allá en mi casa de tierra.
Y si no quieres matarme
como a víbora pequeña
pon en mis manos de novia
el cañón de la escopeta.
¡Ay, qué lamento, qué fuego
me sube por la cabeza!
¡Qué vidrios se me clavan en la
lengua!

LEONARDO.

Ya dimos el paso; ¡calla!,
porque nos persiguen cerca
y te he de llevar conmigo.

NOVIA.

¡Pero ha de ser a la fuerza!

LEONARDO.

¿A la fuerza? ¿Quién bajó
primero las escaleras?

NOVIA.

Yo las bajé.

LEONARDO.

¿Quién le puso
al caballo bridas nuevas?

NOVIA.

Yo misma. Verdad.

LEONARDO.

> ¿Y qué manos
> me calzaron las espuelas?

NOVIA.

> Estas manos que son tuyas,
> pero que al verte quisieran
> quebrar las ramas azules
> y el murmullo de tus venas.
> ¡Te quiero! ¡Te quiero! ¡Aparta!
> Que si matarte pudiera,
> te pondría una mortaja
> con los filos de violetas.
> ¡Ay, qué lamento, qué fuego
> me sube por la cabeza!

LEONARDO.

> ¡Qué vidrios se me clavan en la
> lengua!
> Porque yo quise olvidar
> y puse un muro de piedra
> entre tu casa y la mía.
> Es verdad. ¿No lo recuerdas?
> Y cuando te vi de lejos
> me eché en los ojos arena.
> Pero montaba a caballo
> y el caballo iba a tu puerta.
> Con alfileres de plata
> mi sangre se puso negra,
> y el sueño me fue llenando
> las carnes de mala hierba.
> Que yo no tengo la culpa,
> que la culpa es de la tierra

y de ese olor que te sale
de los pechos y las trenzas.

NOVIA.

¡Ay qué sinrazón! No quiero
contigo cama ni cena,
y no hay minuto del día
que estar contigo no quiera,
porque me arrastras y voy,
y me dices que me vuelva
y te sigo por el aire
como una brizna de hierba.
He dejado a un hombre duro
y a toda su descendencia
en la mitad de la boda
y con la corona puesta.
Para ti será el castigo
y no quiero que lo sea.
¡Déjame sola! ¡Huye tú!
No hay nadie que te defienda.

LEONARDO.

Pájaros de la mañana
por los árboles se quiebran.
La noche se está muriendo
en el filo de la piedra.
Vamos al rincón oscuro,
donde yo siempre te quiera,
que no me importa la gente,
ni el veneno que nos echa.

(La abraza fuertemente.)

NOVIA.

>Y yo dormiré a tus pies
para guardar lo que sueñas.
Desnuda, mirando al campo,

(Dramática.)

>como si fuera una perra,
¡porque eso soy! Que te miro
y tu hermosura me quema.

LEONARDO.

>Se abrasa lumbre con lumbre.
La misma llama pequeña
mata dos espigas juntas.
¡Vamos!

(La arrastra.)

NOVIA.

>>¿Adónde me llevas?

LEONARDO.

>A donde no puedan ir
estos hombres que nos cercan.
¡Donde yo pueda mirarte!

NOVIA. *(Sarcástica.)*

>Llévame de feria en feria,
dolor de mujer honrada,
a que las gentes me vean
con las sábanas de boda
al aire, como banderas.

LEONARDO.

>También yo quiero dejarte

109

si pienso como se piensa.
Pero voy donde tú vas.
Tú también. Da un paso. Prueba.
Clavos de luna nos funden
mi cintura y tus caderas.

(Toda esa escena es violenta, llena de gran sensualidad.)

NOVIA.

¿Oyes?

LEONARDO.

Viene gente.

NOVIA.

¡Huye!
Es justo que yo aquí muera
con los pies dentro del agua,
espinas en la cabeza.
Y que me lloren las hojas,
mujer perdida y doncella.

LEONARDO.

Cállate. Ya suben.

NOVIA.

¡Vete!

LEONARDO.

Silencio. Que no nos sientan.
Tú delante. ¡Vamos, digo!

(Vacila la novia.)

110

NOVIA.

¡Los dos juntos!

LEONARDO.. *(Abrazándola.)*

¡Como quieras!
Si nos separan, será
porque esté muerto.

NOVIA.

Y yo muerta.

(Salen abrazados. Aparece la Luna muy despacio. La escena adquiere una fuerte luz azul. Se oyen los dos violines. Bruscamente se oyen dos largos gritos desgarrados, y se corta la música de los violines. Al segundo grito aparece la mendiga y queda de espaldas. Abre el manto y queda en el centro, como un gran pájaro de alas inmensas. La Luna se detiene. El telón baja en medio de un silencio absoluto.)

Telón.

CUADRO ÚLTIMO

Habitación blanca con arcos y gruesos muros. A la derecha y a la izquierda, escaleras blancas. Gran arco al fondo y pared del mismo color. El suelo será también de un blanco reluciente. Esta habitación simple tendrá un sentido monumental de iglesia. No habrá ni un gris, ni una sombra, ni siquiera lo preciso para

la perspectiva.
Dos muchachas vestidas de azul oscuro
están devanando una madeja roja.

MUCHACHA 1.
        Madeja, madeja,
        ¿qué quieres hacer?

MUCHACHA 2.
        Jazmín de vestido,
        cristal de papel.
        Nacer a las cuatro,
        morir a las diez.
        Ser hilo de lana,
        cadena a tus pies
        y nudo que apriete
        amargo laurel.

NIÑA. *(Cantando.)*
        ¿Fuiste a la boda?

MUCHACHA 1.
        No.

NIÑA.
        ¡Tampoco fui yo!
        ¿Qué pasaría
        por los tallos de la viña?
        ¿Qué pasaría
        por el ramo de la oliva?
        ¿Qué pasó
        que nadie volvió?
        ¿Fuiste a la boda?

MUCHACHA 2.
> Hemos dicho que no.

NIÑA. *(Yéndose.)*
> ¡Tampoco fui yo!

MUCHACHA 2.
> Madeja, madeja,
> ¿qué quieres cantar?

MUCHACHA 1.
> Heridas de cera,
> dolor de arrayán.
> Dormir la mañana,
> de noche velar.

NIÑA. *(En la puerta.)*
> El hilo tropieza
> con el pedernal.
> Los montes azules
> lo dejan pasar.
> Corre, corre, corre,
> y al fin llegará
> a poner cuchillo
> y a quitar el pan.

(Se va.)

MUCHACHA 2.
> Madeja, madeja,
> ¿qué quieres decir?

MUCHACHA 1.
> Amante sin habla.

Novio carmesí.
Por la orilla muda
tendidos los vi.

(Se detiene mirando la madeja.)

NIÑA. *(Asomándose a la puerta.)*
Corre, corre, corre,
el hilo hasta aquí.
Cubiertos de barro
los siento venir.
¡Cuerpos estirados,
paños de marfil!

(Se va. Aparecen la mujer y la suegra de Leonardo. Llegan angustiadas.)

MUCHACHA 1.
¿Vienen ya?

SUEGRA. *(Agria.)*
No sabemos.

MUCHACHA 2.
¿Qué contáis de la boda?

MUCHACHA 1.
Dime.

SUEGRA. *(Seca.)*
Nada.

MUJER.
Quiero volver para saberlo todo.

SUEGRA. *(Enérgica.)*
                Tú, a tu casa.
                Valiente y sola en tu casa.
                A envejecer y a llorar.
                Pero la puerta cerrada.
                Nunca. Ni muerto ni vivo.
                Clavaremos las ventanas.
                Y vengan lluvias y noches
                sobre las hierbas amargas.

MUJER.
                ¿Qué habrá pasado?

SUEGRA.
                        No importa.
                Échate un velo en la cara.
                Tus hijos son hijos tuyos
                nada más. Sobre la cama
                pon una cruz de ceniza
                donde estuvo su almohada.
(Salen.)

MENDIGA. *(A la puerta.)*
                Un pedazo de pan, muchachas.

NIÑA.
                                ¡Vete!
(Las muchachas se agrupan.)

MENDIGA.
                ¿Por qué?

NIÑA.

Porque tú gimes: vete.

MUCHACHA 1.

¡Niña!

MENDIGA.

¡Pude pedir tus ojos! Una nube
de pájaros me sigue; ¿quieres uno?

NIÑA.

¡Yo me quiero marchar!

MUCHACHA 2. *(A la mendiga.)*

¡No le hagas caso!

MUCHACHA 1.

¿Vienes por el camino del arroyo?

MENDIGA.

Por allí vine.

MUCHACHA 1. *(Tímida.)*

¿Puedo preguntarte?

MENDIGA.

Yo los vi; pronto llegan: dos torrentes
quietos al fin entre las piedras grandes,
dos hombres en las patas del caballo.
Muertos en la hermosura de la noche.

(Con delectación.)

Muertos, sí, muertos.

MUCHACHA 1.

> ¡Calla, vieja, calla!

MENDIGA.

> Flores rotas los ojos, y sus dientes
> dos puñados de nieve endurecida.
> Los dos cayeron, y la novia vuelve
> teñida en sangre falda y cabellera.
> Cubiertos con dos mantas ellos vie-
> nen
> sobre los hombros de los mozos al-
> tos.
> Así fue; nada más. Era lo justo.
> Sobre la flor del oro, sucia arena.

(Se va. Las muchachas inclinan la cabeza y rítmicamente van saliendo.)

MUCHACHA 1.

> Sucia arena.

MUCHACHA 2.

> Sobre la flor del oro.

NIÑA.

> Sobre la flor del oro
> traen a los novios del arroyo.
> Morenito el uno,
> morenito el otro.
> ¡Qué ruiseñor de sombra vuela y
> gime
> sobre la flor del oro!

(Se va. Queda la escena sola. Aparece la madre con una vecina. La vecina viene llorando.)

MADRE.

Calla.

VECINA.

No puedo.

MADRE.

Calla, he dicho. *(En la puerta.)* ¿No hay nadie aquí? *(Se lleva las manos a la frente.)* Debía contestarme mi hijo. Pero mi hijo es ya un brazado de flores secas. Mi hijo es ya una voz oscura detrás de los montes. *(Con rabia, a la vecina.)* ¿Te quieres callar? No quiero llantos en esta casa. Vuestras lágrimas son lágrimas de los ojos nada más, y las mías vendrán cuando yo esté sola, de las plantas de los pies, de mis raíces, y serán más ardientes que la sangre.

VECINA.

Vente a mi casa; no te quedes aquí.

MADRE.

Aquí. Aquí quiero estar. Y tranquila. Ya todos están muertos. A medianoche dormiré, dormiré sin que ya me aterren la escopeta o el cuchillo. Otras madres se asomarán a las ventanas, azotadas por la lluvia, para ver el rostro de sus hijos. Yo, no. Yo haré con mi sueño una fría paloma de marfil que lleve camelias de escarcha sobre el camposanto. Pero no; camposanto no, camposanto no; lecho de tierra, cama que los cobija y que los mece por el cielo. *(Entra una mujer de negro que se dirige a la derecha y allí se arrodilla. A la vecina.)* Quítate las manos de la cara. Hemos de pasar días terribles. No quiero ver a nadie. La tierra y yo. Mi llanto y yo. Y estas cuatro paredes. ¡Ay! ¡Ay! *(Se sienta transida.)*

VECINA.
Ten caridad de ti misma.

MADRE. *(Echándose el pelo hacia atrás.)*
He de estar serena. *(Se sienta.)* Porque vendrán las vecinas y no quiero que me vean tan pobre. ¡Tan pobre! Una mujer que no tiene un hijo siquiera que poderse llevar a los labios.
(Aparece la novia. Viene sin azahar y con un manto negro.)

VECINA. *(Viendo a la novia, con rabia.)*
¿Dónde vas?

NOVIA.
Aquí vengo.

MADRE. *(A la vecina.)*
¿Quién es?

VECINA.
¿No la reconoces?

MADRE.
Por eso pregunto quién es. Porque tengo que no reconocerla, para no clavarla mis dientes en el cuello. ¡Víbora! *(Se dirige hacia la novia con ademán fulminante; se detiene. A la vecina.)* ¿La ves? Está ahí, y está llorando, y yo quieta, sin arrancarle los ojos. No me

119

entiendo. ¿Será que yo no quería a mi hijo? Pero, ¿y su honra? ¿Dónde está su honra? *(Golpea a la novia. Ésta cae al suelo.)*

VECINA.
¡Por Dios! *(Trata de separarlas.)*

NOVIA. *(A la vecina.)*
Déjala; he venido para que me mate y que me lleven con ellos. *(A la madre.)* Pero no con las manos; con garfios de alambre, con una hoz, y con fuerza, hasta que se rompa en mis huesos. ¡Déjala! Que quiero que sepa que yo soy limpia, que estaré loca, pero que me pueden enterrar sin que ningún hombre se haya mirado en la blancura de mis pechos.

MADRE.
Calla, calla ¿qué me importa eso a mí?

NOVIA.
¡Porque yo me fui con el otro, me fui! *(Con angustia.)* Tú también te hubieras ido. Yo era una mujer quemada, llena de llagas por dentro y por fuera, y tu hijo era un poquito de agua de la que yo esperaba hijos, tierra, salud; pero el otro era un río oscuro, lleno de ramas, que acercaba a mí el rumor de sus juncos y su cantar entre dientes. Y yo corría con tu hijo que era como un niñito de agua, frío, y el otro me mandaba cientos de pájaros que me impedían el andar y que dejaban escarcha sobre mis heridas de pobre mujer marchita, de muchacha acariciada por el fuego. Yo no quería, ¡óyelo bien!; yo no quería, ¡óyelo bien!, yo no

quería. ¡Tu hijo era mi fin y yo no lo he engañado, pero el brazo del otro me arrastró como un golpe de mar, como la cabezada de un mulo, y me hubiera arrastrado siempre, siempre, siempre, aunque hubiera sido vieja y todos los hijos de tu hijo me hubiesen agarrado de los cabellos!

(Entra una vecina.)

MADRE.

Ella no tiene la culpa, ¡ni yo! *(Sarcástica.)* ¿Quién la tiene, pues? ¡Floja, delicada, mujer de mal dormir es quien tira una corona de azahar para buscar un pedazo de cama calentado por otra mujer!

NOVIA.

¡Calla, calla! Véngate de mí; ¡aquí estoy! Mira que mi cuello es blando; te costará menos trabajo que segar una dalia de tu huerto. Pero ¡eso no! Honrada, honrada como una niña recién nacida. Y fuerte para demostrártelo. Enciende la lumbre. Vamos a meter las manos; tú, por tu hijo; yo, por mi cuerpo. La retirarás antes tú.

(Entra otra vecina.)

MADRE.

Pero ¿qué me importa a mí tu honradez? ¿Qué me importa tu muerte? ¿Qué me importa a mí nada de nada? Benditos sean los trigos, porque mis hijos están debajo de ellos; bendita sea la lluvia, porque moja la cara de los muertos. Bendito sea Dios, que nos tiende juntos para descansar.

(Entra otra vecina.)

NOVIA.
Déjame llorar contigo.

MADRE.
Llora. Pero en la puerta.
(*Entra la niña. La novia queda en la puerta. La madre, en el centro de la escena.*)

MUJER. (*Entrando y dirigiéndose a la izquierda.*)
Era hermoso jinete,
y ahora montón de nieve.
Corría ferias y montes
y brazos de mujeres.
Ahora, musgo de noche
le corona la frente.

MADRE.
Girasol de tu madre,
espejo de la tierra.
Que te pongan al pecho
cruz de amargas adelfas;
sábana que te cubra
de reluciente seda,
y el agua forme un llanto
entre tus manos quietas.

MUJER.
¡Ay, qué cuatro muchachos
llegan con hombros cansados!

NOVIA.
¡Ay, qué cuatro galanes
traen a la muerte por el aire!

122

MADRE.
>Vecinas.

NIÑA. *(En la puerta.)*
>Ya los traen.

MADRE.
>Es lo mismo.
>La cruz, la cruz.

MUJERES.
>Dulces clavos,
>dulce cruz,
>dulce nombre
>de Jesús.

NOVIA.
>Que la cruz ampare a muertos y vivos.

MADRE.
>Vecinas: con un cuchillito,
>con un cuchillo,
>en un día señalado, entre las dos y las tres,
>se mataron los dos hombres del amor.
>Con un cuchillo,
>con un cuchillito
>que apenas cabe en la mano,
>pero que penetra fino
>por las carnes asombradas
>y que se para en el sitio

123

donde tiembla enmarañada
la oscura raíz del grito.

NOVIA.

Y esto es un cuchillo,
un cuchillito
que apenas cabe en la mano;
pez sin escamas ni río,
para que un día señalado, entre las
dos y las tres,
con este cuchillo
se queden dos hombres duros
con los labios amarillos.

MADRE.

Y apenas cabe en la mano,
pero que penetra frío
por las carnes asombradas
y allí se para, en el sitio
donde tiembla enmarañada
la oscura raíz del grito.

(*Las vecinas, arrodilladas en el suelo, lloran.*)

Telón.

AQUI
TERMINA
CARA

AQUÍ TERMINA CRUZ

Veinte poemas de amor, Pablo Neruda.

Escritos satíricos, Jonathan Swift.

Poesías escogidas, León de Greiff.

La mansión de Araucaíma - Diario de Lecumberri, Álvaro Mutis.

Don Segundo Sombra, Ricardo Güiraldes.

Memorias de un sargento de milicias, Manuel Antonio de Almeida.

Juego de niños y otros ensayos, Robert Louis Stevenson.

Tres cuentos, Gustave Flaubert.

Persuasión, Jane Austen.

El coronel no tiene quien le escriba, Gabriel García Márquez.

Tradiciones peruanas, Ricardo Palma.

La llamada de la selva, Jack London.

Todos los fuegos el fuego, Julio Cortázar.

Sobre la tierra calcinada y otros cuentos, Salvador Garmendia.

Tres poetas norteamericanos, Dickinson, Whitman, Williams.

La línea de sombra, Joseph Conrad.

La máquina del tiempo, H. G. Wells.

Color local, Truman Capote.

Las lanzas coloradas, Arturo Uslar Pietri.

OTROS TÍTULOS
DE LA COLECCIÓN

María, Jorge Isaacs.

El padre Casafús y otros cuentos, Tomás Carrasquilla.

El matadero, Esteban Echeverría.

El hombre muerto, Horacio Quiroga.

Clemencia, Ignacio Manuel Altamirano.

Misa de gallo y otros cuentos, Joaquim María Machado de Assis.

El holocausto del mundo, Nathaniel Hawthorne.

Bartleby, Herman Melville.

Poemas y prosas, José Asunción Silva.

Antología poética, Rubén Darío.

Tres novelas ejemplares, Miguel de Cervantes.

Carmen, Prosper Mérimée.

BIBLIOGRAFÍA

Machado, Antonio. *Cartas a David Vigodsky.* En: *Hora de España,* Valencia, 1937.

Neruda, Pablo. *Oda a Federico García Lorca.* En *Sech, Revista de la Sociedad de Escritores de Chile.* Santiago de Chile, 1936, I, núm. 3.

Pérez Febrero, M. *Dos poetas españoles en América y uno americano en España.* En: *Tierra firme,* Madrid, 1936, II. [Sobre Federico García Lorca, Rafael Alberti y Pablo Neruda].

Torre, Guillermo de. *Advertencia del recopilador.* En: *Obras completas,* t. VI, Buenos Aires, Losada, 1938.

Tzara, Tristán. *Por el camino de las estrellas de mar.* En: *Hora de España,* Valencia, 1937, núm. 10.

Zalamea Borda, E. *Rosas y caballos de García Lorca.* En: *Revista de las Indias.* Bogotá, 1937, I, núm. 5.

Zambrano, María. *La poesía de Federico García Lorca.* Pról. a. F. G. L. *Antología,* sel. de M. Zambrano, Santiago de Chile, Panorama, 1937.

BIBLIOGRAFÍA

Aiken, Conrad. Sobre Federico García Lorca: *The poet in New York an other poems*. trad. by Rolphe humphries. *The New Republic*. N. Y., 1940.

Alberti, Rafael. *Federico García Lorca en Sevilla. Saber vivir*, Buenos Aires, 1941, II, núm. 14.

Aleixandre, Vicente. *Federico*. En: *Hora de España,* Valencia 1937, núm. VII.

Alonso, Dámaso. *Ensayos de poesía española*. Madrid, Revista de Occidente, 1943.

Altolaguirre, Manuel. *Elegía a nuestro poeta*. En *Homenaje al poeta García Lorca*, Valencia - Barcelona, 1937.

Azorín. *Los cuatro dondes*. En: *Crisol,* Madrid, julio 1931.

Barea, Arturo. *Federico García Lorca: El poeta y el pueblo*. En *Número,* Montevideo, 1951, III, núms. 15-17.

Barga, Corpus. *Amor místico y amor pagano*. En: *La nación*, Buenos Aires, abril 1933.

Bergamin, J. *Death at dawn. Night of blood and tears*. Trad. H. Brickell. En *The poet in New York and other poemas,* trad. R. Humphries, New York, 1940.

Blanco Fombona, Rufino. *El modernismo y los poetas modernistas*. Madrid, 1929.

Cernuda, Luis. *Elegía a un poeta muerto*. En: *Hora de España*. Valencia, 1937, núm. 6

Cossio, J. M. De. *Los toros en la poesía castellana*. Madrid, 1931.

Dalí, Salvador. *El poeta en la platja d'Empuries vist per...* (Dibujo). En: *L'Amic de les Arts*. Sitges, año II, núm. 14, Mayo 1927.

Díaz - Plaja, Guillermo. *Federico García Lorca. Estudio crítico*. Buenos Aires, Kraft, 1948.

Jiménez, Juan Ramón. *Caricatura lírica de Federico García Lorca (1928)*. En: *Revista Hispánica moderna*, 1935.

FEDERICO GARCÍA LORCA	CONTEXTO CULTURAL	CONTEXTO HISTÓRICO
Manzanares el año anterior. *Tierra y luna, Nocturno del hueco, Epitafio a Isaac Albéniz. De mar a mar, Doña Rosita la soltera o el lenguaje de las flores, Poema granadino del novecientos, dividido en varios jardines, con escenas de canto y baile.*	Cita de las paralelas. Dalí: *Jirafa en llamas.* Música: Stravinsky: *Concierto para dos pianos.* Gershwin: *Porgy and Bess.* Nacen Françoise Sagan, Luis Gortisolo, Woody Allen, Elvis Presley, Mercedes Sosa. Mueren Carlos Gardel, Fernando Pessoa.	
1936 Tiene proyectada una gira por México, para presentar su obra y dictar una conferencia sobre Quevedo. Termina de escribir *La casa de Bernarda Alba,* publicada póstumamente en 1938. El 20 de julio Granada cae en manos de insurgentes. El 16 de agosto es detenido e incomunicado y la noche del 18 es condenado a muerte. El 19 es asesinado en el barranco de Víznar. Este año se publican: *Primeras canciones* (1922), *Seis poemas gallegos, Gacela de la muerte oscura (Casida de la huida).*	Nace Vargas Llosa. Faulkner: *¡Absalón! Mitchell: Lo que el viento se llevó.* Canetti: *Auto de fe.* Machado: *Juan de Mairena.* Vallejo: *España, aparta de mí este cáliz.* De Greiff: *Variaciones alrededor de nada.* Nicanor Parra: *Cancionero sin nombre.* Uslar Pietri: *Red.* M. Hernández: *El rayo que no cesa.* Cernuda: *La realidad y el deseo.* Casona: *La sirena varada.* Música: Carl Orff: *Carmina burana.* Prokofiev: *Pedro y el lobo.* Mueren Kipling, Pirandello, Unamuno, Valle Inclán, Chesterton. O'Neill, premio Nobel de Literatura.	Comienza la guerra civil en España; victoria electoral del Frente Popular. Granada cae en manos de insurgentes. Franco es proclamado Generalísimo del ejército sublevado, en medio de alzamientos populares. Madrid, en manos republicanas, es asediada. Italia y Alemania apoyan a los nacionales; la Unión Soviética y las Brigadas Internacionales a los republicanos.

boba de Lope de Vega, dicta una conferencia titulada *Teoría y juego del duende* y, en colaboración con Neruda, escribe un discurso en homenaje a Rubén Darío. En Buenos Aires aparece *Canto nocturno de los marineros andaluces* y, en México *Oda a Walt Whitman, Romancero gitano, Oda al rey de Harlem, Bodas de sangre, Amor de Don Perlimplín.*

1934

Estreno de *Yerma, Cívido del llanto. Canción de la muerte pequeña. La Gallina.* (*Cuentos para niños tontos*). *El público.*

Galileo. Malraux: *Condición humana.* Mauriac: *El misterio Frontenac.* Auden: *La danza de la muerte.* Salinas: *La voz a ti debida.* Música: Stravinsky: *Perséfone.* Strauss: *Arabella.* Levantada la censura contra J. Joyce en Norteamérica.

Cernuda: *Donde habita el olvido.* M. Hernández: *Soledad.* F. Pessoa: *Mensaje.* Eduardo Zalamea: *Cuatro años a bordo de mí mismo.* José de la Cuadra: *Los Sangurimas.* Alain: *Los dioses.* Aleixandre: *La destrucción o el amor.* Fitzgerald: *Suave es la noche.* Graves: *Yo, Claudio.* Caín: *El cartero llama dos veces.* Kavafis: *Poemas.* Arte: Giacometti: *Cabeza.* Dalí: *El destete del mueble elemento;* ilustra los *Cantos de Maldoror.* Pirandello, premio Nobel de Literatura.

En España, crisis de la república, revueltas en Madrid, Asturias y Oviedo. Ruptura entre el gobierno central y el autónomo de Cataluña. Estalla la revolución. Estados Unidos establece relaciones diplomáticas con la Unión Soviética. Hitler se convierte en Führer.

1935

Aparece *Llanto por Ignacio Sánchez Mejías* en homenaje a su amigo el torero Ignacio Sánchez Mejías, muerto en la plaza de toros de

T. S. Eliot: *Asesinato en la catedral.* Neruda: *Residencia en la tierra II.* Steinbeck: *Tortilla Flat.* Borges: *Historia universal de la infamia.* Alegría: *La serpiente de oro.* Arte: Tanguy:

Francisco Franco accede a la jefatura del estado mayor del ejército español. Asciende del fascismo en toda Europa.

FEDERICO GARCÍA LORCA	CONTEXTO CULTURAL	CONTEXTO HISTÓRICO
1932 El grupo teatral La Barraca dirigido por García Lorca y Eduardo Ugarte comienza una gira por tierras de Castilla la Vieja; su última presentación será en Barcelona en 1936. Estreno de *Bodas de sangre*. *Ruina. Niña ahogada en el pozo. Ciudad sin sueño. Nadadora sumergida. Suicidio en Alejandría. La imagen poética de Don Luis de Góngora.*	de la muralla china (póstumo). Lovecraft: *En las montañas de la locura.* Arte: Dalí: *La persistencia de la memoria.* Chagall: *Sinagoga en Sáfed.* Música: Stravinsky: *Concierto para violín y orquesta.* M. Ravel: *Concierto para mano izquierda.* Filosofía: Husserl: *Introducción a la fenomenología.* Muere Alva Edison.	Inicio de la era del *New Deal.* Guerra del Chaco entre Bolivia y Paraguay. En España se implanta el divorcio, se disuelve la Compañía de Jesús, se aprueba la reforma agraria y el Estatuto de Cataluña.
	Nace Sylvia Plath, Umberto Eco, John Updike, Carlos Saura, Manuel Puig. G. Diego: *Poema adrede.* V. Aleixandre: *La destrucción y el amor.* Hemingway: *Muerte al atardecer.* Faulkner: *Luz de agosto.* Huxley: *Un mundo feliz.* Bretón: *Los vasos comunicantes.* Arte: Giacometti: *Palacio a las cuatro de la mañana.* Chagall: *La caída del ángel.* Música: Stravinsky: *Concierto para violín.* Schönberg: *Moisés y Aarón.* Galsworthy, premio Nobel de Literatura.	
1933 Viaja a Argentina, Uruguay y Brasil. Durante su visita a los países suramericanos, dirige *La dama*	Neruda: *Residencia en la tierra.* A. Carpentier: *¡Ecué-Yamba-O!* M. Hernández: *Perito en lunas.* Ortega y Gasset: *En torno a*	Hitler se convierte en canciller de Alemania; incendio del Reichstag. Comienza gobierno de Lerroux en España.

A propósito de

FEDERICO GARCÍA LORCA
Y SU OBRA

A propósito de

FEDERICO GARCÍA LORCA

Y SU OBRA

COLECCIÓN CARA Y CRUZ

GRUPO EDITORIAL NORMA
Barcelona, Buenos Aires, Caracas,
Guatemala, México, Miami, Panamá, Quito, San José
San Juan, Santafé de Bogotá, Santiago, Sao Paulo.

A propósito de

FEDERICO GARCÍA LORCA Y SU OBRA

COLECCIÓN

GRUPO EDITORIAL NORMA
Barcelona, Buenos Aires, Caracas
Guatemala, México, Miami, Panamá, Quito, San José
San Juan, Santafé de Bogotá, Santiago, Sao Paulo.

CONTENIDO

IMAGEN PRIMERA Y SUCESIVA DE FEDERICO GARCÍA LORCA

Rafael Alberti

1. EN LA RESIDENCIA DE ESTUDIANTES.

Fue en la Residencia de Estudiantes, de Madrid.

La Residencia, o la "Resi", como abreviada y cariñosamente le decíamos los que la frecuentábamos y los que en ella se hospedaban, se alzaba entonces en las primeras afueras madrileñas, sobre una verde loma, que Juan Ramón Jiménez, antiguo residente, la llamó en sus poemas "Colina del alto chopo", debido a los que bordean sus jardines, cortados por el canalillo que sube el agua a los grifos y fuentes de la capital.

Las sobrias alcobas y los árboles de la Residencia han ayudado al crecimiento del nuevo espíritu liberal español, a la creación de sus mejores obras, desde comienzos de siglo hasta el trágico 18 de julio de 1936, fecha de su oscurecimiento. Hija de la Institución Libre de Enseñanza, núcleo de la cultura que llegó a ser dirigente con la República del 14 de abril, la Residencia de Estudiantes vino siendo la casa de las más grandes inteligencias españolas. Baste señalar entre los nombres de sus huéspedes anteriores a García Lorca los de Ramón Menéndez Pidal, Antonio Machado, Juan Ramón Jiménez, Miguel de Unamuno, Ortega y Gasset, Américo Castro, etc.

En 1919, Federico fue enviado por sus padres a esta Residencia. Venía a Madrid no como poeta, nativa y única vocación de su sangre, que ya muy bien sabían los aires y los ríos de su Granada, sino como estudiante. Estudiante, a ratos perdido, de Filosofía y Letras y —cosa horrible para él— de Derecho, cuya licenciatura obtiene al fin en la Universidad granadina (1923).

Nuevos nombres, algunos de los cuales irían destacándose en el panorama intelectual español durante la decena de años en que García Lorca hace de la Residencia la casa de su poesía, habían sustituido a los de aquellos otros, maestros ya, respetados y consagrados dentro y fuera de la Península.

Los poetas malagueños José Moreno Villa y Emilio Prados; el todavía casi adolescente pintor catalán Salvador Dalí y el cineasta Luis Buñuel, su más tarde colaborador en París, eran, entre la multitud de ciegos estudiantes admirados que invadían a todas horas la alegre celda del poeta, sus verdaderos amigos, esos con quienes Federico mejor se comunicaba, esos que ya valorizaban su creciente y arrebatadora juventud, río constante de gracia y poesía.

Cuando dos poetas se conocen y se dan la mano por vez primera, es como si dos corrientes trasangélicas tropezaran, fundiéndose. Leves aires ingenuos de García Lorca conocía yo antes de encontrármelo, mínimas ráfagas celestes, que al estrecharse nuestros dedos habrían de aletearme en la memoria:

Y las estrellas pobres,
las que no tienen luz

10

—¡qué dolor, qué dolor,
qué pena!—,
están abandonadas
en un azul borroso.
¡Qué dolor, qué dolor,
qué pena!

¡Versillos viejos de la preamistad, que nunca he visto recogidos en sus obras, pero que significan para mí la imagen del poeta aún sin cara y sin cuerpo, pura brisa sin árbol, breve soplo sin referencia! Y este primer momento con el poeta invisible fue durante un verano, en la sierra de Guadarrama (1922). ¿Cómo sería Federico? ¿Quién lo había visto y frecuentado? ¿Cuándo lo conocería? Ignoraba yo entonces que aún pasarían dos años para que esto sucediera.

★

Verde que te quiero verde.
Verde viento. Verdes ramas.

Así como el poemilla anterior siempre me traerá el aroma del poeta imaginado sobre un paisaje de romeros y pinos guadarrameños, estos versos del *Romancero gitano* serán ya para toda mi vida la Residencia de Estudiantes, puerta de nuestra amistad, que en una tarde amarillenta de octubre (1924) me abriera, hoy no recuerdo si el poeta Moreno Villa o el pintor Salvador Dalí.

—Rafael Alberti...

Federico abrazaba a todo el mundo, cayendo en

seguida sobre el presentado como una tromba incontenible de palabras, entrecortadas risas y gestos hiperbólicos.

—Te conozco. ¡Cómo no voy a conocerte! —comenzó, golpeándome la espalda y estrujándome hasta el resuello. —Estuve en la exposición que hiciste hará dos años. En el Ateneo. ¡A que sí! Y también he leído tus canciones en *La verdad*, de Murcia. ¿Es mentira? ¿No? ¡Ja, ja, ja! "¡Alberti, Albertito!", le decían a un tío tuyo que vivía en Granada. ¿Ves cómo sé quién eres y quién es tu familia?

Y se volvía a reír, con una boca grande, profunda, volcado de cintura para atrás y apretándome las muñecas.

—Te voy a hacer un encargo —continuó, sin soltarme, impidiéndome con su inatajable velocidad todo intento, no sólo de palabra, sino de respiro—. Éste es un encargo que le hago al pintor. Quiero que me regales un cuadro en el que yo figure dormido al pie de un arroyo con flores, y una Virgen, Nuestra Señora del Amor Hermoso, apareciéndoseme en lo alto de un olivo. Te prometo colgarlo sobre la cabecera de mi cama. Y si alguna vez vas por Andalucía, por Fuente Vaqueros, adonde te invito desde ahora, verás cómo es verdad lo que te estoy diciendo.

Le respondí que sí, sorprendido y entusiasmado; que aquella misma noche comenzaría su "encargo"; que aunque la poesía me interesara ya bastante más que la pintura, me ufanaba la idea de pintarle dormido en lo ancho de una vega, rodeada de flores, sonriendo a Nuestra Señora...

Mientras así hablábamos, habían ido llegando más amigos, estudiantes que apenas sin comprenderlos

repetían luego sus poemas por las tertulias literarias de los cafés.

> Verde que te quiero verde.
> Verde viento. Verdes ramas.

En un remanso oscuro del jardín, iluminado débilmente al fondo por las ventanas encendidas de los pabellones estudiantiles, comenzó a recitar Federico, espontáneamente, sin que nadie se lo pidiera, su último romance traído de Granada. En medio del silencio y de aquella penumbra susurrante de álamos, pude entrever cómo se le transfiguraba el rostro, se le dramatizaban la voz y todo el aire al son duro, patético, lleno de misterioso escalofrío, que repica por el suceso sonámbulo del poema.

> El barco sobre la mar.
> Y el caballo en la montaña.

Era García Lorca entonces un muchacho delgado, de frente ancha y larga, sobre la que temblaba a veces, índice de su exaltada pasión y lirismo, un intenso mechón de pelo negro, "empavonado", como el del Antonio Camborio de su *Romancero*. Tenía la piel morena, rebajada por un "verde aceituna", término comparativo éste que se emplea mucho por Andalucía, la tierra española más rica en olivares. Su cara no era alegre, aunque una larga sonrisa, transformable rápidamente en carcajada, pusiera en ella esa expresión de contagioso optimismo, de fuego desbocado, que tan perdurable recuerdo dejara, incluso en aquéllos que tan sólo le vieron un instante.

El aspecto total de Federico no era de gitano, sino de ese hombre oscuro, bronco y fino a la vez, que da el campo andaluz. Una descarga como de eléctrica simpatía, un hechizo, una irresistible atmósfera de magia para envolver y aprisionar a sus auditores, se desprendían de él cuando hablaba, recitaba, representaba veloces ocurrencias teatrales, o cantaba, acompañándose al piano. Porque en todas partes García Lorca encontraba un piano.

Uno grande, de cola, estuvo siempre abierto para el poeta en la sala de cursos y conferencias de aquella casa madrileña de los estudiantes. Si existe aún y hoy levantárais su tapa, veríamos que guarda años enteros de melodías romancescas y canciones de España. La voz, las manos de Federico están enterradas en su caja sonora. Porque Federico era el cante (poesía de su pueblo) y el canto (poesía culta): es decir, Andalucía de lo *jondo,* popular, y la tradición sabia de nuestros viejos cancioneros. Aunque en casi todos los poetas contemporáneos del sur, con Antonio Machado y Juan Ramón Jiménez a la cabeza, pueda encontrarse esta misma veta, este recuperado hilillo de agua transparente, es García Lorca quien con más fuerza y continuidad representa esta línea. Su primer libro —*Impresiones y paisajes*—, libro de prosas poco conocido, aparece dedicado a su maestro de música, a su profesor de piano. Dato revelador. Arranque rítmico y melódico de su poesía, Federico cantaba y se acompañaba, en ese piano que para él se abría en todas partes, con un gusto y una gracia muy suyos, reinventando las melodías y palabras semiolvidadas de esos cantos y cantes, sustituyendo las fallas de su memoria con añadidos de su invención. Es decir, era

una fuente de poesía popular, que manaba con el mismo chorro, lleno de torceduras, ausencias e interrupciones que el verdadero que alimenta la memoria del pueblo. Aquel piano de cola, en aquel íntimo rincón de la Residencia, junto a aquella ventana por donde la madreselva florida asomaba su olor, recordará mejor que nadie la capacidad asombrosa de transformación, de recreación, de adueñamiento de lo de nadie y lo de todos, haciéndolo materia propia, que, como un Lope de Vega, poseía Federico.

¡El Pleyel aquel de la Residencia! ¡Tardes y noches de primavera o comienzos de estío pasados alrededor de su teclado, oyéndole subir de su río profundo toda la millonaria riqueza oculta, toda la voz diversa, honda, triste, ágil y alegre de España! ¡Época de entusiasmo, de apasionada reafirmación nacional de nuestra poesía, de recuperación, de entronque con su viejo y puro árbol sonoro! Ante ese piano he presenciado graciosos desafíos —o, más bien, exámenes— folklóricos entre Lorca, Ernesto Halffter, Gustavo Durán, muy jóvenes entonces, y algunos residentes ya iniciados en nuestros cancioneros.

—¿De qué lugar es esto? A ver si alguien lo sabe —preguntaba Federico, cantándolo y acompañándose:

Los mozos de Monleón
se fueron a arar temprano
—¡ay, ay!—,
se fueron a arar temprano...

En aquellos primeros años de creciente investigación y renacido fervor por nuestras viejas canciones y

romances, ya no era difícil conocer las procedencias.

—Eso se canta en la región de Salamanca — respondía, apenas iniciado el trágico romance de capea, cualquiera de los que escuchábamos.

—Sí, señor, muy bien —asentía Federico, entre serio y burlesco, añadiendo al instante con un canturreo docente: —Y lo recogió en su cancionero el presbítero D. Dámaso Ledesma.

Otras veces, bajo los chopos y adelfas del jardín, o en su habitación, eran los desafíos poéticos, la lectura de los nuevos poemas. Por allí resonaron, recién escritos, los de *Presagios,* el libro inaugural de Pedro Salinas, y los de *Cántico,* de Jorge Guillén; por allí dije yo, con la timidez del más joven, canciones de mi *Marinero en tierra.* Juan Ramón Jiménez, exresidente ya en aquellos años, pasaba algunos atardeceres con nosotros, dándonos el gran ejemplo continuo de su perfecta vocación, elevada a religiosidad y ascetismo, mientras que el bueno de Antonio Machado, perdido siempre en la provincia, nos mandaba su eco desde la paramera de Castilla o las llanuras de Baeza, eco que repetíamos de recio por aquella casa de la cultura, albergue de poetas, por donde se alternaban de cuando en cuando con las nuestras, voces de afuera como las de Paul Valéry, Claudel, Aragon, Éluard, Teixeira de Pascoaes...

En aquel paisaje de juventud y trabajo, Federico, como un eterno estudiante siempre en vacaciones, vivía la mayor parte del año hasta que se marchaba, por lo general muy entrado ya el verano, a Granada o a Fuente Vaqueros, ciudad y pueblo que tantas cosas dijeron a su poesía. Y allí, en los tirantes estíos andaluces, movidos de olivares y limones, no le espe-

raban ya aquellos pianos íntimos, cultos de Madrid, sino las guitarras profundas de los patios y caminos recónditos, junto al alma *jonda* de D. Manuel de Falla, claro norte en su formación poética, además de entrañable amigo.

—¡Primo! Están cabeceando los árboles. Es que está encima la tormenta. Adiós.

Los estudiantes se habían ido marchando hacia sus pabellones. Federico quedó solo conmigo en el jardín, hasta pasadas las doce de la noche. ¡Primo! Fue con ese gracioso tratamiento gitano, que ya nunca más abandonó, como se despidió de mí aquel arrebatado andaluz oriental el primer día de nuestro encuentro en la Residencia de Estudiantes.

2. EN SEVILLA.

¡Federico en Sevilla! O ¡Sevilla en Federico!

En 1927, año de intensa agitación y bandería por D. Luis de Góngora, García Lorca y yo nos encontramos en la capital andaluza, invitados con otros escritores de nuestra generación para celebrar el tercer centenario de la muerte del inmenso y escarnecido poeta cordobés. Aunque el Ateneo era quien nos llevaba, en todos nosotros había el sentimiento de ser únicamente Ignacio Sánchez Mejías, gran matador de toros amigo, el que, dado su entusiasmo creciente por la literatura, nos trasladaba de las pobres orillas del Manzanares madrileño a las floridas del Guadalquivir sevillano.

Gloria de Federico en la Sevilla de sus canciones y del *Romancero gitano,* inédito aún. Algarabía y delirio

17

entre los auditores del Ateneo, quienes llegaron hasta arrojarle los pañuelos y las chaquetas, halagados sin duda en su sevillanismo por la alusión constante de Lorca a la ciudad y al río, a las dehesas y marismas, honor de Andalucía la baja.

Antonio Torres Heredia,
hijo y nieto de Camborios,
con una vara de mimbre
va a Sevilla a ver los toros.

Nada más sacudidor, más sorprendente para la vana e ingenua rivalidad de las capitales andaluzas que un poeta de Granada abriera el recitado de su romancero poniendo camino de Sevilla —¡de Sevilla precisamente, y para presenciar una corrida de todos!— a un gitano de Benamejí, a un hijo de la provincia de Córdoba. Aunque la intención poética de García Lorca fuera pura, ajena en absoluto a estos pleitos locales, la coincidencia de que él, granadino, exaltara de modo continuado, desprendido, a la salerosa capital del viejo reino andaluz, enloqueció a los sevillanos, tan presumidos, tan insoportablemente celosos de su ciudad.

¡Ay río de Sevilla, qué bien pareces
lleno de velas blancas
y ramos verdes!

¡Cómo por las bandas azules del hermoso Guadalquivir de sus baladillas enramadas de olivos y naranjos repetía Federico esta graciosa seguidilla de Lope de Vega! Alegría de verle y oírle prodigar también sus piropos al gran río, triste Lorca sin duda de la

olor de haberle visto desde los ojos altos
inarete de Abu Yacub mirar en desparra-
zos cegadores los pueblos sevillanos, todo
villoso paraíso florido, "donde el río —
eta Abenamar, visir del rey Almotámid—
mano blanca extendida sobre una túnica
rriba, el tenso, puro cielo azul, tembloroso

onta gallardo
rilla a orilla.

cielo, que Juan Ramón soñara como el de
eal de la poesía española, ya veré siempre
, extraviado entre cabellos de guitarras,
hacia un cenit, hacia un cercano mediodía
ortífera descarga no le dejó alcanzar.

este viaje, conoció García Lorca a Fer-
lón Daoiz, quizás, con Sánchez Mejías, el
ás extraordinario de la Sevilla de aquel
ganadero, brujo, teósofo, hipnotizador,
Miraflores de los Ángeles y poeta novel,
r libro —*Andalucía la baja*— acababa de
sus cuarenta y ocho años.
ro conservaba por el Villalón ganadero,
uyo en los comienzos de su difícil carrera
gracioso respeto, mezclado a la vez de una
ertida admiración por el Fernando de las
románticas, teosóficas y los negocios poéti-
ue poco a poco le habían ido llevando a la
stro y ganadero se trataban de usted, cosa
quellas tierras, sobre todo conociéndose
.

La misma presentación que a mí hacía varios meses hizo Sánchez Mejías a Federico:

—Don Fernando Villalón Daoiz, el mejor poeta novel de toda Andalucía.

Federico y Villalón intimaron en seguida, sorprendiéndose mutuamente. Por la tarde, nos invitó a los dos a pasear por la ciudad. Juntos recorrimos sus intrincadas calles, su peligrosa devanadera de vueltas y revueltas, en aquel disparatado automovilillo que el propio Fernando conducía. Nunca podré olvidar la cara de espanto del pobre García Lorca, cuyo miedo a los automóviles sólo era comparable al de un Pablo Neruda o... al mío. Porque Villalón corría, disparado, entre bocinazos, verdaderos recortes y verónicas de los aterrados transeúntes, explicándonos su futuro poema —"El Kaos"—, del que ya nos recitaba, levantando las manos del volante, las primeras estrofas.

Cuando aquella misma noche nos reunimos en Pino Montano, la finca de Ignacio en las afueras, las carcajadas, los gritos, acompañados de abrazos y empujones, con que Federico celebraba "las cosas de Fernando", se oían en la Giralda.

El poeta-ganadero, separado en un rincón y metido dentro de una chilaba mora que Sánchez Mejías le había puesto, contaba a Lorca su poder mágico para descubrir cuadros de Murillo, cazar sirenas de agua dulce, convertir en color verde los ojos de los toros, secar los ríos y las fuentes. Y para convencerle de esto último, le pedía que se llegara por el Cuervo, un pueblecillo cercano a Jerez de la Frontera, en donde había secado todas, llenándose esa tarde el horizonte de perros negros con cabeza blanca, que aullaron hasta el amanecer.

¡Noche aquella, graciosa y profunda, en la casa de Ignacio! Noche de poetas amigos, de gente buena. Se bebió. Recitamos nuestras poesías. Dámaso Alonso, el gran comentarista de Góngora, asombró a la reunión diciendo de memoria los 1091 versos de la Primera Soledad de D. Luis. García Lorca representó aquellas repentinas ocurrencias teatrales suyas tan divertidas. Y terminamos todos, hasta el mefistofélico nariguado de José Bergamín, sentados en el suelo, agobiados en la chilaba marroquí que el propio Sánchez Mejías también nos había ido metiendo a cada uno por la cabeza. Cuando más absurdo y disparatado se iba volviendo aquel coro de árabes bebidos, Ignacio anunció la llegada del guitarrista Manuel Huelva, acompañado por uno de los genios del cante jondo, Manuel Torres, más conocido por el Niño de Jerez, muerto pobremente en su barrio de Triana pocos años más tarde. Inmediatamente, comenzó el cante, hablándose, en las pausas, de la diferencia entre lo *jondo* y lo *flamenco;* de vihuela y guitarra. El gitano nos tenía sobrecogidos a todos, agarrados por la garganta, con sus gestos, su voz y las palabras de sus coplas. Parecía un bronco animal herido, un terrible pozo de angustia. Mas a pesar de su honda voz, lo verdaderamente sorprendente eran sus palabras: versos raros de soleares y siguiriyas, conceptos complicados, arabescos difíciles.

—¿De dónde sacas esas letras? —se le preguntó.

—Unas me las invento, otras las busco.

Manuel Torres no sabía leer ni escribir; sólo cantar. Pero, eso sí, su conciencia de *cantaor* era perfecta. Aquella misma noche, y con seguridad y sabiduría iguales a las que un Góngora o un Mallarmé hubieran

pequeñez recién nacida del Darro y el Genil de Granada.

El río Guadalquivir
tiene las barbas granate.
Los dos ríos de Granada,
uno llanto y otro sangre.

Melancolía de recordarle ahora por los severos jardines del Alcázar, ante los blancos Zurbaranes Museo, o perdido en el nocturno laberinto encalado del barrio de Santa Cruz.

La Carmen está bailando
por las calles de Sevilla.

En la imaginería de la poética andaluza de García Lorca, las ciudades y los pueblos, la orografía hidrografía cobran volumen, cuerpo de humanas cituras, alzadas unas veces como sobre altares o carro floridas; otras, como en túmulos de negros festo dramáticos. Pero ninguna imagen con más sue más repetida y exaltada que las de Granada, Córd y Sevilla, puestas cada una en su *Romancero,* baj advocación luminosa de un arcángel: Miguel, Ra Gabriel.

El arcángel San Gabriel,
entre azucena y sonrisa,
biznieto de la Giralda,
se acercaba de visita.

De visita subimos juntos a la "enjaezada torre"

demostrado al hablar de su estética, nos confesó que no se dejaba ir por la corriente, lo demasiado conocido, el terreno trillado, resumiendo, al fin, de un modo raro y magistral lo que él se imaginaba que comprendíamos a medias: "En el cante jondo" susurró, las manos de madera sobre las rodillas, "lo que hay que buscar siempre, hasta encontrarlo, es el tronco negro de Faraón"; viniendo a coincidir, aunque de tan extraña manera y sin saberlo, con lo que Baudelaire pide a la muerte capitana de su viaje: *Au fond de l'Inconnu pour touver du nouveau!*

¡El tronco negro de Faraón!

Como era natural, de todos los presentes fue Federico el que más celebró, jaleándola hasta el frenesí, la rara expresión empleada por el *cantaor* jerezano. Nadie —pienso yo ahora— en aquella mágica y mareada noche de Sevilla halló términos más aplicables a lo que también García Lorca buscó y encontró en la Andalucía gitana que hizo llamear en su *Romancero*. Aquel "tronco negro de Faraón" que compendiaba para Manuel Torres toda la angustia, la atmósfera de catástrofe sentimental, de herida ancha borboteando pena y odio inconcretos, equivale en los mejores romances de Federico a ese fuerte latido de misterio, a esa oculta neblina de drama, de los que de pronto parece que va a desprenderse, dibujado, un suceso, un hilo conductor, quedando entrecortado, difuso, perdido, sin final. El *Romance sonámbulo* — *Verde que te quiero verde*— es un buen ejemplo para esta afirmación. Juan Ramón Jiménez —escribí hace algún tiempo— creó en su *Arias tristes* el romance lírico inasible, musical, inefable. García Lorca, con su *Romance sonámbulo* inventa nuevamente el dramático,

lleno de escalofriado secreto, de sangre misteriosa. *La tierra de Alvargonzález*, de Antonio Machado, es un romance narrativo, una terrible historia castellana romanceada. Se puede contar. En cambio, el suceso del *Romance sonámbulo,* del de *La pena negra,* por citar otro ejemplo, no puede explicarse, escapa a todo intento de relato. García Lorca, sobre las piedras del antiguo romancero español, con Juan Ramón y Machado, puso otra, rara y fuerte, a la vez sostén y corona de la vieja tradición castellana.

> *Sevilla para herir.*
> *Córdoba para morir.*

Herido y más que herido de Sevilla quedó Federico en aquel viaje; pero herido de su pura gracia, del ángel bailador de lo sevillano. Un san Gabriel torero, en traje verde y oro con alas de papel de plata, voló de la Giralda a tocarle de maravilla, a ungirle de sal y el temblor sonriente de los olivos.

3. EN EL TEATRO.

I. En el año veinte o veintiuno, estrena Federico su primer ensayo teatral: *El maleficio de la mariposa*, obra llena de bailables, que Gregorio Martínez Sierra, uno de los pocos directores con que contaba entonces la pobrísima escena española, la acepta para su teatro. Yo no la conozco. Creo que García Lorca jamás la publicó. Pero sé que sus personajes son insectos. Por el propio Federico, que lo contaba muerto de risa, conozco una anécdota del día de su estreno. Gran

parte del público no comprendió la obra. Curianito el nene, o Cucarachito, se llamaba, de manera claramente infantil, uno de los bichillos que intervenían en ella. Pues bien —contaba García Lorca a carcajadas—, cuando Cucarachito, muy alegre, confiesa: "Hoy me desayuné con una mosca", alguien del público, seguramente el clásico reventador de estrenos, gritó, de manera estentórea: "¡Asqueroso!" Y esto a Federico, que sabía, como buen andaluz y buen poeta, reírse hasta de sí mismo, le regocijaba mucho, le divertía extraordinariamente.

II. Leía Federico sus *Títeres de cachiporra* a Irene López Heredia y a su señor esposo, Mariano Asquerino. García Lorca cantaba al piano la canción de Rosita, la erótica pasión de don Cristóbal:

Sevilla, ponte de pie,
Para no ahogarte en el río...

Entonces, la Heredia, volviéndose con un gran gesto, que ella creía de comprensión, hacia su inteligente marido, comentó:

—¡Pero qué tía más cursi esta doña Rosita, Mariano! ¡Qué tía más cursi!

Federico, interrumpiendo la música, se quedó avergonzado. Pero por cortesía siguió al momento la lectura. También asistía a ésta un inmenso perro Terranova, desvelado amor de ambos esposos. El centro del saloncillo lo adornaba una pequeña mesa de cristal. Federico, ya rehecho de aquel inesperado comentario de la Heredia, continuaba leyendo entusiasmado, cuando Asquerino, que parecía escuchar con profunda atención, gritó, de pronto, a su mujer:

—¡Treinta y dos, Irene! ¡Treinta y dos! ¡Pero qué maravilla!

—¿Qué estás diciendo, Mariano? —preguntó sobresaltada la inteligente esposa.

Y el culto esposo:

—¡El perro, Irene! ¡Treinta y dos vueltas que lleva dadas a la mesa! ¡Más que ninguna vez!

Anécdota increíble, triste, reveladora, y que no necesita comentario.

4. EN LA MUERTE.

Sigo todavía como si acabaran de decírmelo. Escuchándolo estoy, y creo que lo hice aún más que con el hoyo de los oídos con lo profundo de los ojos. Tanto me parece que los desmesuré, que guardo la impresión de dos agigantados círculos a punto de saltárseme, rodando. La tremenda noticia necesitaba espacio para que cupiera. Y nada más capaz de magnitud que dos ojos en aumento de horror. Me lo decían en el patio de un palacete de Madrid, ganado por el pueblo para sede de los artistas y escritores. Ahora ni recuerdo la cara, sólo la voz, que me continúa arrancando las pupilas. Era la de un diputado obrero —también olvidé el nombre—, recién llegado de Granada. La voz de un hombre fugitivo.

—¿Pero es verdad, verdad eso que dices?

Pregunta hecha con silencio, y, muy poco después, no sólo por el mío, sino por el de todos los que iban acercándose a nosotros, hasta llenar el patio.

—¿De verdad, de verdad?

Ninguno queríamos creerlo y menos repetirlo sin

una interrogante. Pero ya todos los diarios, entre grandes letreros de cólera, gritaron aquella misma noche la tragedia. Y comenzó a crecer desde ese día para el mundo entero la imagen del poeta de Granada, volcado en tierra, como esa *fuente de sangre con cinco chorros* de su *Romancero*.

Pero a pesar de eso:

—¿Será verdad? —se insistía por todas partes.

A la mañana siguiente, era otra voz, la más impresionante por lo cercano a Federico, casi la misma suya, la que me aseguraba por teléfono: —No es verdad. No es verdad. No hagáis nada. No escribáis nada todavía. Sé bien que Federico está escondido, a salvo.

Ella tenía a la fuerza que saberlo. Para eso era su hermana, la más chica y querida del poeta. Pero me lo afirmaba —¡Ay!— desde el propio Madrid, repitiendo seguramente confidencias consoladoras de algunos buenos amigos.

De todos modos, le prometí callarnos. No escribir nada. Guardarle el ilusionado secreto. Mas ya era imposible contener al mundo. La tremenda noticia lo había recorrido de lado a lado, descargando sus chispas hasta en los más escondidos rincones. Y el aire nos llegó inflamado de ira, de protesta, de furiosa condena, pero dejando siempre paso a un soplo ansioso de esperanza:

—¿Será verdad?

Bajo este mismo signo esperanzado, se dirigió Wells, como presidente del Pen Club, al gobernador militar de Granada, general Espinosa. La respuesta, por su grosera sequedad, fue la más delatora de lo cierto, no dejándonos ya ni un resquicio para la duda.

Decía así, despectiva y bruta: "No conozco el paradero de ese señor".

Durante mucho tiempo, se sostuvo aún que García Lorca se hallaba escondido por no sé qué lugares difíciles de Sierra Nevada, en un consulado, e incluso fuera de España, por algún pueblecillo suizo. Pero la realidad, la terrible verdad de su paradero, de su escondite, era que éste no se encontraba ya sobre la tierra, sino bajo ella, cavando allí su corazón hondas raíces y verdeciendo para el mundo en ese iluminador árbol simbólico de hojas imperecederas. *

---

* Este escrito apareció en el libro *Imagen primera y sucesiva de Federico García Lorca*, de Rafael Alberti, publicado por Editorial Losada en 1955 (pp 15 a 31).

MINUCIAS SOBRE EL AUTOR
Y LA OBRA

Elkin Obregón S.

Prólogo en un Prólogo, un Acto y un Epílogo
Dramatis personae:
Myriam.
El prologuista

I. PRÓLOGO.

——EL PROLOGUISTA:
Dice Myriam (aquí a mi lado) que hay siempre en el
teatro de Lorca el tema del encierro, la presencia de
la casa, la celosía, el patio, como entidades que
ocultan o que guardan. Podría añadirse que esa misma
imagen, así sea en otro contexto, se repite con
misteriosa frecuencia en su poesía. Me viene al punto
a la mente la hermosa metáfora del *Romance sonámbulo,* a la vez tan simple y tan sorpresiva,

La noche se puso íntima
como una pequeña plaza.

Que bien podría interpretarse como un intento de
poner cercos a la noche. También de noche ocurre, en
la celebérrima *Casada infiel,* uno de los más inquietan-
tes momentos del *Romancero gitano,* en el cual, si bien
hay la mención de una lejanía, se la insinúa a su vez

29

cercada, habitada por un elemento de algún modo siniestro:

Y un horizonte de perros
ladra muy lejos del río.

En *Diván del Tamarit,* testamento poético del autor —al que volveremos—, se leen estos versos, que habría que ver con lupa (tal vez en otra ocasión), como todo ese breve libro cruzado de confesiones crípticas y agobiantes:

Un muro de malos sueños
me separa de los muertos.

Quince años antes, en el *Poema del Cante Jondo,* ya se hablaba de un paisaje en donde

El campo
de olivos
se abre y se cierra
como un abanico

y en este olivar, casi como en el del Tamarit,

Los olivos,
están cargados
de gritos.

Gritos que nacen de *una bandada de pájaros cautivos.* Una lectura renovada y totalizadora de la obra lorquiana nos mostraría, sin duda, un gran arco que se abre y se cierra con idénticas visiones. Pero es hora de continuar.

II. ACTO ÚNICO

DE LAS tres grandes tragedias rurales de Lorca (en su orden *Bodas de sangre, Yerma* y *La casa de Bernarda Alba*, esta última estrenada póstumamente), es la primera la menos "realista", la que incorpora con más énfasis elementos simbólicos y alegóricos. Lentos y solemnes recitativos se intercalan con las voces secas y desnudas de los personajes, si bien son estas voces las que tienen a su cargo el desarrollo de la historia o, si se quiere, de la anécdota.* El resultado es una síntesis cuya construcción dramática resulta singularmente lograda. Algunos críticos ven en Lorca, aunque sin ánimo peyorativo, un dramaturgo *amateur*. Es decir, un poeta que escribió —también— para las tablas, pero que no llegó a dominar el ámbito específico de la escena, sus leyes propias e intransferibles. Sin necesidad de preguntarse por la definición de esas leyes, tal juicio parece cuando menos excesivo, nacido en parte, supongo, del peso evidente de su poesía. Es un error ver en Lorca (como algunos lo ven) un poeta que se divierte jugando a ser dramaturgo. Su obra teatral es constante y laboriosa, y a través de ella se dicen cosas profundas y esenciales. Cosas que sin duda le urgía expresar por medio de este género, y no por medio del poema, tan cerca no obstante muchas veces (bastaría citar el *Romancero*...) de una dramatur-

_____

* Jorge Guillén indica como fuente remota de la obra la leyenda medieval de Tristán e Isolda, tantas veces reelaborada por la poesía y el teatro alemanes. La relación, si la hay, parece demasiado lejana para ser aceptada sin reparos. No obstante, cabe la posibilidad —no mencionada por Guillén—de que el mismo autor haya hablado a éste de tal origen (Nota del autor.)

gia. Él mismo declaró varias veces su vocación teatral, y además expresó con claridad su visión del drama: "El teatro necesita que los personajes que aparezcan en la escena lleven un traje de poesía y al mismo tiempo que se les vean los huesos, la sangre", decía en una entrevista con Felipe Morales, el mismo año de su muerte. Por lo demás, Lorca sabía de teatro cuanto hay que saber, o, al menos, cuanto necesitaba saber. De hecho, su experiencia con *La Barraca* —ese hermoso invento de la República— lo puso en contacto vivo con lo mejor del teatro clásico español. Lorca fue un constante animador de ese grupo, y desempeñó allí entre otras la función de director escénico, tarea que cumplió con entusiasmo y rigor. También se preocupó por analizar las reacciones del público —público llano de ciudades, pueblos y aldeas— a quien iban dirigidas esas representaciones. Sabía cómo, cuándo y por qué reaccionaba, tenía perfecto conocimiento de los meandros, las llaves y las estructuras teatrales. Otra cosa es que rechazara a plena conciencia los usos ya estériles del teatro de su época. Del teatro español, se entiende, con la casi única excepción de Valle Inclán, tan poco comprendido en ese aspecto de su obra por sus contemporáneos. "Este teatro de ahora —afirmaba Lorca en 1933, poco después del estreno de *Bodas de sangre*— ñoño y cursi por un lado, por el otro grosero y zafio". Y más adelante: "Hay que volver a la tragedia. Nos obliga a ello la tradición de nuestro teatro dramático. Fiel a sus palabras, y a pesar de varios interesantes ensayos surrealistas (palabra siempre peligrosa en su caso) terminó volcándose hacia esa tradición (popular y "culta" a la vez), de la que siempre estuvo tan cerca

a lo largo de su poesía. *Bodas de sangre,* con su carga de alegorías corporizadas, tiene mucho de los autos españoles, medievales o renacentistas. De allí proviene buena parte de su estructura, y está en ellos la raíz de figuras como la Luna o la Muerte, con su eco calderoniano de cantos litúrgicos.

Hay mucha liturgia en *Bodas de sangre.* La liturgia de la fatalidad, que en este caso se adentra en la tierra misma ("La tierra y yo. Mi llanto y yo"), y en atavismos milenarios, que dictan un modo de vivir, una concepción del honor y la muerte. El título de la obra ejemplifica ya las órdenes rigurosas, los códigos insoslayables de una tierra sin edad. Alude a la sangre que ha de correr (esa sangre que permea toda la obra —o casi toda— del granadino), pero también a la sangre que corre por las venas de los hombres, de las familias, de los clanes, y que es como una herencia irredimible, un *pathos* genético que decide los destinos. Todas las tragedias lorquianas insisten en esto. En *Bodas...,* uno de los tres leñadores (voces del coro) resume así el drama:

Se estaban engañando uno al otro, y al fin la sangre pudo más.

Y la madre, al final del acto II:

Tú hija, sí, planta de mala madre, y él, él también, él...

Y luego:

Ha llegado otra vez la hora de la sangre. Dos bandos.

33

Tú con el tuyo y yo con el mío...

Edwin Honig, en su libro *García Lorca,* resalta la presencia fundamental de la mujer en su teatro:

> La fuerza del drama popular lorquiano descansa, precisamente, en su utilización de la mujer como portadora de todas las pasiones y de toda la realidad terrena... y es ella, como depositaria de la buena y sana franqueza natural, la que conoce las argucias del mundo...

Son ellas, pues, las que perciben aquellas hondas herencias, y son ellas —se dijera— las que han dictado los códigos que presiden la vida de todos. Al menos, las que los esgrimen siempre, con voz inapelable, así sean ellas mismas las víctimas primeras de esas inflexibles estructuras. Pero esto no parece importarles. Una férrea soberbia las guía, las hace estandartes y banderas de un rígido corpus social, que las encierra y las limita, y al que los hombres parecen plegarse, obedientes, como mansos y ciegos ejecutores de leyes dictadas por las hembras. "Ellos (los gitanos) viven un régimen de matriarcado, y los padres no son tales padres, sino que son siempre y viven como hijos de sus madres", escribió Lorca alguna vez. Y para él, bueno es recalcarlo, "lo gitano es una careta de lo andaluz". Rotundas hembras éstas, sentenciosas y sabias, que no dudan jamás, que no cuestionan. ¿Sumisas? Por el contrario, orgullosas. Orgullosas de su condición, que dicta también la de sus hombres, la de su ámbito. "¿Tú sabes lo que es casarse, criatura", pregunta la Madre a la Novia en el acto I de *Bodas de*

sangre, y agrega de inmediato: "Un hombre, unos hijos y una pared de dos varas de ancho para todo lo demás". Y la Novia responde: "¿Es que hace falta otra cosa?"

—Myriam (interrumpiendo la larga parrafada):

Volvemos, con esa cita, al tema del encierro. Es este encierro, cuya imagen es la casa, la pared, la puerta y la ventana cancelada, el *leit-motiv* agobiante, que se repite sin descanso, como símbolo primario de ese destino femenino. Ya en *Mariana Pineda* podemos verlo. Mariana vive encerrada en su casa, por fuerza mayor. Desde allí percibe, con plena lucidez, la agitación del mundo, y éste llega hasta ella, a través de los muros, para entregarle su recado. También la *Zapatera prodigiosa* entra a su casa, al comienzo de la obra, para defenderse desde allí "de la realidad que la cerca". Todas las mujeres de Lorca miran, y miran bien, traspasando con su mirada esos muros realistas y simbólicos. En *Bodas de sangre* abundan las frases que aluden a esa situación. La Madre, por ejemplo, casi al comienzo de la obra:

Sí. Yo no miré a nadie. Miré a tu padre, y cuando lo mataron a la pared de enfrente.

En el acto II, la mujer de Leonardo:

...Aquí los dos; sin salir nunca y a levantar la casa.

Y la suegra, en el cuadro final:

Tú, a tu casa.
Valiente y sola en tu casa.

35

A envejecer y a llorar.
Pero la puerta cerrada.
Nunca. Ni muerto ni vivo.
Clavaremos las ventanas...

Los hombres, por el contrario, siempre están por fuera. De hecho, casi nunca entran en la casa. Su misión es exterior, es misión de labriego, aunque a veces se exceda. "Tu marido es un buen trabajador", dice el Novio a la mujer de Leonardo, en el acto II de *Bodas*.... Y ella responde: "Sí, pero le gusta volar demasiado". La casa, pues, es el reino y la prisión de las mujeres.

—El Prologuista:

No obstante, ellas saben rebelarse, y lo hacen con arrebatada fiereza. ("Yo he venido a estas cuatro paredes para no resignarme", dice la protagonista de *Yerma*). Pero se rebelan sin desacato, aceptan las consecuencias de su rebelión. Conocen y consienten el precio de deshonor o de muerte que han de pagar por ella. Romper esas paredes sagradas, en pos de la pasión, de la carne culpable, del grito que aflora por fin, bajo el cielo y ante todos, es elegir de una vez y para siempre la condena. Justa condena, cambiada a ley por una turbulencia de aire. En *Bodas...*, la Novia infractora (Acto III) pide a Leonardo que huya, que se ponga a salvo y la deje:

...Quita de mi cuello honrado
el metal de esta cadena,
dejándome arrinconada
allá en mi casa de tierra.

Pero después, ante la propuesta del hombre,

> Vamos al rincón oscuro
> donde yo siempre te quiera...

responde, con lúcida rebeldía:

> Y yo dormiré a tus pies
> para guardar lo que sueñas.
> Desnuda, mirando al campo,
> como si fuera una perra.

Y luego, irónica y amarga ("sarcástica", acota el texto), añade:

> Llévame de feria en feria,
> dolor de mujer honrada,
> a que las gentes me vean
> con las sábanas de boda
> al aire como banderas.

Más allá del destino trágico, sin embargo, y de algún modo fatalista y oscuro, la culpa queda redimida, si así puede decirse, por la fuerza de la sangre y de la tierra. La voz del coro, de nuevo, pronuncia su sentencia:

LEÑADOR 3:
...Pero los matarán.
LEÑADOR 2:
Hay que seguir la inclinación; han hecho bien en huir...
... Hay que seguir el camino de la sangre.

* * *

MUCHOS otros símbolos tiene *Bodas de sangre*. El bosque mismo, la llanura desolada, la casa solitaria donde "echan fuego las paredes". Mencionemos por último la presencia ominosa del caballo, tantas veces repetida en la poesía y el teatro del autor. En *La casa de Bernarda Alba,* por ejemplo, el caballo cumple idéntica función a la desempeñada en *Bodas...*: Una figura invisible, oída o presentida, con una obvia carga erótica. Igualmente en *Yerma:* "¿Quién puede decir que este cuerpo que tienes no es hermoso? Pisas y al fondo de la calle relincha el caballo". También, por supuesto, encarna la fatalidad o la muerte. Volviendo a *Bodas...* (Acto III):

> Pero montaba a caballo
> y el caballo iba a tu puerta.
> ... que yo no tengo la culpa
> que la culpa es de la tierra.

Por lo demás, es una bestia de la noche, quizá la misma *nightmare* con que el idioma inglés supo nombrar la pesadilla. En *Bodas...* su misión y su entorno dan pie a dos de los más bellos versos del texto:

> Dos hombres en las patas del caballo
> Muertos en la hermosura de la noche.

Y es él, por cierto, quien preside el desarrollo dramático de todo el Acto I, que se va construyendo hábilmente en torno a su figura, hasta desembocar en una síntesis vigorosa, a su vez y por sí sola uno de los

momentos culminantes de la obra. Un momento
opresivo y nunciador, como verá quien leyere.

III. EPÍLOGO.

—EL PROLOGUISTA:

A veces siento la obra de Lorca como un inmenso
escenario. Ese escenario es una arboleda, que no es la
de *Bodas de sangre,* aunque bien podría serlo, sino más
bien la del Tamarit. Una arboleda que a veces es
diurna, a veces nocturna, y a veces ni lo uno ni lo otro,
porque "ni la noche ni el día quieren venir", como
nos dice el poeta en una de sus *Gacelas.* Allí de nuevo,
y ya casi como un legado, el sentimiento del encierro:

> He cerrado mi balcón
> porque no quiero oír el llanto.

Y en ella una gran desolación está sin embargo
habitada por diversas criaturas ambulantes: niños
terribles, muñecos bizarros, bultos enlutados que se
desplazan, palomas oscuras, caballos y perros cuyos
ojos brillan como soles o como luciérnagas. Seres
surgidos de una imaginación creadora, no tanto de
conciencias como de presencias, de objetos vivos cuyo
corazón sangra, y que parecen siempre dispuestos a
herir o a morir. Sólo después de decirlo me vienen a
la memoria versos del *Poema del Cante Jondo:*

> Sevilla para herir
> Córdoba para morir.

En la arboleda lorquiana se reúnen esas dos entidades, y una tercera, Granada, que en otro poema suyo aparece como una síntesis de lo anterior:

...Granada tiene dos ríos
uno llanto y otro sangre.

Resumen de su Andalucía, que es como decir de su entero mundo poético.
—Myriam:
Diván del Tamarit, y esto, incluso desde los hermosos títulos de sus poemas, es Andalucía pura, es decir —también —África, voz de moros, de árabes, de fenicios, de persas. Por sus páginas cruza Hafiz (Lorca percibe su huella, y la de los poetas árabes, en muchas coplas flamencas), aunque cruza también Don Luis de Góngora...
—El Prologuista:
Siglos de Andalucía, cribados en un surrealismo que no lo es, sino que es la apoteosis de los símbolos.
—Myriam:
De las metáforas. Las casi infinitas metáforas de al-Andalus, las gongorinas, las que vienen de la memoria, de los libros y de los sueños que se sueñan despierto. No es preciso acudir a Breton o a Éluard. Granada y Córdoba y Sevilla. Y un hombre que habla de la muerte. Parece un tópico, pero no lo es: un hombre a la espera de la muerte.
—El Prologuista:
Está también la música. Pero la que se escucha en el *Diván...* no es de guitarras, ni de pandero. De violines, tal vez. Y de *ruiseñores con la lengua cortada.*
—Myriam:

No hay una página de Lorca que no lleve implícita la música. Recuerda que la música fue su primera vocación, y que fue discípulo de Falla. Leyendo a *Bodas de sangre,* por ejemplo, se tiene la sensación de que las partes en verso están hechas para ser cantadas. Curiosamente, sólo una acotación escénica en el texto nos remite al canto.

—El Prologuista:

No obstante, el final de la obra *(vecinas, con un cuchillo...)* evoca con toda claridad ciertas formas dialogadas del cante jondo.

—Myriam:

Por cierto, y valga como paréntesis, ya que hablas de evocación, también en el último acto de *Bodas...* hay una frase de la Madre ("Calla, he dicho... ¿Te quieres callar? No quiero llantos en esta casa...") que irá a repetirse luego, con mayor vigor si cabe, en las palabras finales de *Bernarda Alba...*

—El Prologuista:

Esto nos lleva de nuevo a la música. Siempre he pensado que esa última frase de Bernarda Alba es una perfecta frase musical. Y no en sentido genérico, sino bien concreto: se dijera que Lorca repite allí, a plena conciencia, los acordes finales de la *Danza ritual del fuego.* A mi entender, se trata de una especie de homenaje que la crítica, hasta donde sé, no ha visto o no comparte,

—Myriam:

Tampoco se ha ocupado mucho la crítica de los dibujos del poeta. Hay en ellos mucho de misterioso, pero también mucha limpidez. Una alegría, un sabor de juego que es también parte esencial de la obra del granadino. Ese aire infantil y leve que preside muchos

de sus versos. Ese gusto por las nanas, las rondas, la copla breve, esas imágenes llenas de luz. La luz mediterránea. Lorca era un hombre muy culto, pero, a diferencia de tantos poetas, parece que la cultura no le pesara, que se le diluyera en gracia. Y esto, hasta en sus poemas más "culteranos". Tal vez, de haber sido formalmente pintor, hubiera pintado como Miró.

—El Prologuista:

Un Miró sangriento...

—Myriam:

No siempre. No siempre. Jamás perdió García Lorca su mirada de niño, su manera clara de mirar. Por otro lado, es verdad que el niño que había en él era también "el niño herido que gemía", que aparece en su *Casida del herido por el agua* (citando):

El niño y su agonía, frente a frente...

Y ya que hablamos de esto, creo que bien podríamos terminar esta charla-prólogo con la estrofa final de la *Gacela de la huida,* que es, a mi juicio, uno de sus poemas más bellos, y que tienen además el sabor de una última confesión:

Como me pierdo en el corazón de algunos niños,
me he perdido muchas veces en el mar.
Ignorante del agua voy buscando
una muerte de luz que me consuma.

(Sobre el eco final de los versos, cae lentamente el Telón.)

CITAS A PROPÓSITO
DE GARCÍA LORCA

¡QUÉ POETA! Nunca he visto reunidos como en él la gracia y el genio, el corazón alado y la cascada cristalina. Federico García Lorca era el duende derrochador, la alegría centrífuga que recogía en su seno e irradiaba como un planeta la felicidad de vivir. Ingenuo y comediante, cósmico y provinciano, músico singular, espléndido mimo, espantadizo y supersticioso, radiante y gentil, era una especie de resumen de las edades de España, del florecimiento popular, un producto arábigo-andaluz que iluminaba y perfumaba como un jazminero toda la escena de aquella España, ¡ay de mí!, desaparecida.

Pablo Neruda
(Neruda, Pablo. *Confieso que he vivido.* Buenos Aires, Ed. Losada, 1974. pp. 166-167)

EN EL teatro y en el silencio, en la multitud y en el decoro, era un multiplicador de la hermosura. Nunca vi un tipo con tanta magia en las manos, nunca tuve un hermano más alegre. Reía, cantaba, musicaba, saltaba, inventaba, chisporroteaba. Pobrecillo, tenía todos los dones del mundo, y así como fue un

trabajador de oro, un abejón colmenar de la gran poesía, era un manirroto de su ingenio.

Pablo Neruda

(Idem., p. 167)

FEDERICO García Lorca no fue fusilado; fue asesinado. Naturalmente nadie podía pensar que le matarían alguna vez. De todos los poetas de España era el más amado, el más querido, y el más semejante a un niño por su maravillosa alegría. ¿Quién pudiera creer que hubiera sobre la tierra, y sobre su tierra, monstruos capaces de un crimen tan inexplicable?

Pablo Neruda

(Idem., p. 169)

BRILLANTE, simpático, con evidente propensión a la elegancia, la corbata impecable, la mirada oscura y brillante, Federico tenía un atractivo, un magnetismo al que nadie podía resistirse [...] Su habitación en la Residencia se convirtió en uno de los puntos de reunión más solicitados de Madrid.

Luis Buñuel

Citado por Luis Prados de la Escosura. En: *Forjadores del Mundo contemporáneo*. Vol. 4 Ed. Planeta, 1988. p. 58.

[...] TENÍA para su obra futura un instinto tan primario de defensa, que no puede por menos de traerme a la memoria de un genio: Goethe. Con una diferencia, y es que Federico era incapaz de la fría serenidad con que aquel júpiter encadenó el complicado mecanismo de sus instintos y pasiones y lo redujo a ruedas dentadas al servicio de su rendimiento intelectual. En Federico todo era inspiración, y su vida, tan hermosa-

mente de acuerdo con su obra, fue el triunfo de la libertad, y entre su vida y su obra hay un intercambio espiritual y físico tan constante, tan apasionado y fecundo, que las hace enteramente inseparables e indivisibles. En este sentido, como en otros muchos, me recuerda a Lope.

Vicente Aleixandre

SI ESA obra [la de García Lorca] no se ha perdido; si, para honor de la poesía española y deleite de las generaciones hasta la consumación de la lengua, se conservan en alguna parte los originales, cuántos habrá que sepan, que aprendan y conozcan la capacidad extraordinaria, la hondura y la calidad sin par del corazón de su poeta.

Vicente Aleixandre

FEDERICO mostraba sin lugar a dudas cómo la libertad, el desinterés, la pureza, la alegría de sus juegos, allá en su Edad de Oro, favorecía la virtud creadora de su edad sin oro.

Jorge Guillén

ESE HERVOR, ese bullicio, esa animación que levantaba su persona entera por donde iba. Se le sentía venir mucho antes de que llegara, le anunciaban impalpables correos, avisos, como de las diligencias en su tierra, de cascabeles por el aire. Cuando ya había marchado, aún tardaba mucho en irse, seguía allí, rodeándonos aún de sus ecos, hasta que de pronto

decía uno: "pero ¿se ha ido ya Federico?" Es que había ahondado y allí se respiraba una ultra-atmósfera en la atmósfera. Siempre con su séquito. Le seguíamos todos, porque él era la fiesta, la alegría que nos plantaba allí de sopetón, y no había más remedio que seguirla.

Pedro Salinas

(Citado por Jorge Guillén en *Federico en persona*)

CITAS DE GARCÍA LORCA

[...] AL TERMINAR cualquiera de mis trabajos, yo no siento más que el orgullo de haber creado una cosa; pero no convencido de que eso es consecuencia de especial mérito personalísimo, sino como el padre a quien le sale un hijo hermoso. Al fin y a la postre, se trata de un don que por raro azar a uno le sobreviene.

[...] LA POESÍA es como un don. Yo hago mi oficio y cumplo con mis obligaciones, sin prisa, porque sobre todo cuando se va a terminar una obra, como si dijéramos cuando se va a poner el tejado, es un placer enorme trabajar poco a poco.

EL TEATRO fue siempre mi vocación. He dado al teatro muchas horas de mi vida. Tengo un concepto del teatro, en cierta forma personal y resistente. El teatro es la poesía que se levanta del libro y se hace humana. Y al hacerse habla y grita, llora y desespera. El teatro necesita que los personajes que aparezcan en la escena lleven un traje de poesía y al mismo tiempo que se les vean los huesos, la sangre.

47

EN ESTE momento dramático del mundo, el artista debe llorar y reír con su pueblo. Hay que dejar el ramo de azucenas y meterse en el fango hasta la cintura para ayudar a los que buscan las azucenas. Particularmente yo tengo un ansia verdadera por comunicarme con los demás. Por eso llamé a las puertas del teatro y al teatro consagro toda mi sensibilidad.

LA CREACIÓN poética es un misterio indescifrable, como el misterio del nacimiento del hombre. Se oyen voces no se sabe de dónde, y es inútil preocuparse de dónde vienen. Como no me he preocupado de nacer, no me preocupo de morir. Escucho la naturaleza y al hombre con asombro, y copio lo que me enseñan sin pedantería y sin dar a las cosas un sentido que no sé si lo tienen. Ni el poeta ni nadie tiene la clave y el secreto del mundo. Quiero ser bueno.

YO HE abrazado el teatro porque siento la necesidad de la expresión en la forma dramática. Creo sinceramente que el teatro no es ni puede ser otra cosa que emoción y poesía, en la palabra, en la acción y en el gesto.

EL TEATRO es uno de los más expresivos y útiles instrumentos para la edificación de un país y el barómetro que marca su grandeza o su descenso. Un teatro sensible y bien orientado [...] puede cambiar en pocos años la sensibilidad de un pueblo; y un teatro

destrozado, donde las pezuñas sustituyen a las alas, puede [...] adormecer a una nación entera... El teatro es una escuela de llanto y risa y una tribuna libre donde los hombres pueden poner en evidencia morales viejas o equívocas y explicar con ejemplos vivos normas eternas del corazón y del sentimiento del hombre.

CRONOLOGÍA

FEDERICO GARCÍA LORCA	CONTEXTO CULTURAL	CONTEXTO HISTÓRICO
1898 Nace en Fuente Vaqueros, Granada. Hijo de Federico García Rodríguez, hacendado y Vicenta Lorca Romero, maestra.	Nacen Dámaso Alonso, Vicente Aleixandre, Hemingway y Eisenstein. Aparece la Generación del '98. Wells: *La guerra de los mundos*. Blasco Ibáñez: *La barraca*. Benavente: *La comida de las fieras*. Filosofía: Nietzsche: *La voluntad de poder*. Arte: Redon: *El cíclope*. Mueren Mallarmé, Lewis Carroll, Moreau.	Guerra hispano-americana: Estados Unidos obtiene Guam, Puerto Rico y Filipinas. Independencia de Cuba.
1899	Nacen Asturias, Kawabata y Borges. Tolstoi: *Resurrección*. Wilde: *La importancia de llamarse Ernesto*. Palacio Valdés: *La hermana San Sulpicio*. Yeats: *El viento entre los juncos*. Música: Ravel: *Pavana para una infanta difunta*. Sibelius: *Finlandia*. Schönberg: *Noche transfigurada*. Pintura: Sorolla: *Playa de Valencia*.	Conferencia de La Haya. Segunda guerra de los Boers. Guerra civil en Colombia.
1900 Sufre de problemas motores a la edad de dos años. Su madre y don	Nacen Saint-Exupéry; Buñuel y Louis Armstrong. Conrad: *Lord Jim*. Machado	En Italia, asesinato de Humberto I.

| 1901 | Antonio Rodríguez Espinosa se encargan de sus primeros estudios. | de Assís: *Don Casmurro*. Juan Ramón Jiménez: *Alma violeta*. Filosofía: Husserl: *Investigaciones filosóficas*. Joaquín Costa: *Reconstrucción y europeización de España*. Ciencia: Freud: *La ciencia de los sueños*. Arte: Gauguin: *Nou-Nou*. Gaudí: *Parque Güell*. Muere Oscar Wilde. | Establecimiento de un protectorado imperialista sobre Cuba con la enmienda Platt. Creación de la *Commonwealth* australiana. En Estados Unidos es asesinado McKinley; le sucede Roosevelt. Muere la reina Victoria de Inglaterra. |
| 1902 | | Nacen Malraux y V. de Sica. Chéjov: *Tres hermanas*. Benito Pérez Galdós: *Electra*. Mann: *Los Buddenbrooks*. Shaw: *César y Cleopatra*. Hudson: *El ombú*. Lagerlöf: *Jerusalem*. Altamirano: *El zarco* (póstumo). Arte: Maillol: *El mediterráneo*. Schwabe: *Matrimonio del poeta y la musa*. Muere Verdi. Toulouse-Lautrec. Sully Prudhomme gana primer premio Nobel de Literatura. Nacen Steinbeck, Luis Cernuda y Rafael Alberti. James: *Las alas de la paloma*. Gorki: *Los bajos fondos*. J.R. Jiménez: *Aires tristes*. Valle-Inclán: *Sonata de otoño*. Azorín: *La voluntad*. Pío Baroja: *Camino de perfección*. Conan Doyle: *El sabueso de Baskerville*. Arte: Maillol: *La noche*. Música: Debussy: *Peleas y Melisanda*. Mahler: *Quinta sinfonía*. Muere Zola. | En España, Alfonso XIII accede al trono; huelga general en Barcelona. |

	CONTEXTO CULTURAL	CONTEXTO HISTÓRICO
1903	Nacen Caldwell, Lorenz, Orwell y Yourcenar. Conrad: *Tifón*. Chéjov: *El cerezal*. H. James: *Los embajadores*. Palacio Valdés: *La aldea perdida*. Jack London: *La llamada de la selva*. Arte: Picasso: *La vida, El guitarrista viejo, La tragedia*. Matisse: *La alegría de vivir*. Fundación de la Academia Goncourt.	Pío X, papa. Independencia de Panamá.
1904	Nacen Carpentier, Greene, Neruda y Dalí. James: *La copa de oro*. Pío Baroja: *La busca*. Valle Inclán: *Flor de santidad*. J. R. Jiménez: *Jardines lejanos*. Miguel de Unamuno: *Vida de don Quijote y Sancho*. Música: Puccini: *Madame Butterfly*. Mahler: *Sexta sinfonía*. Pintura: Picasso: *Las dos hermanas*. Mueren Chéjov y Dvorak. F. Mistral y J. Echegaray ganan el premio Nobel de Literatura.	Guerra ruso-japonesa. En España, se establece ley de descanso dominical, y se logran acuerdos con Francia sobre Marruecos.
1905	Nace Sartre. Rilke: *Libro de horas*. Darío: *Cantos de vida y esperanza*. Azorín: *Los pueblos*. J. R. Jiménez: *Pastorales*. Menéndez Pelayo: *Origen de la novela*. Arte: Matisse:	Montero Ríos preside el gobierno español. Revolución en Rusia. Victoria japonesa en la guerra contra Rusia.

1906

La alegría de vivir, Gaudí: la pedrera, Picasso: Familia de saltimbanquis (periodo rosado). Música; Falla: La vida breve. Strauss: Salomé; Debussy: La mer. Ciencia: Einstein: Electrodinámica de los cuerpos en movimiento. Muere Verne.

"Constitución Atea" en Ecuador. Huelgas en el norte de Chile. En España, se aprueba la ley de jurisdicción; protesta Cataluña. El rey Alfonso XIII se casa con Victoria Eugenia de Battenberg: sufre un atentado.

1907

Nace Beckett, Musil: Las tribulaciones del joven Törless, Valle Inclán: El marqués de Bradomín.Gorki: La madre. Arte: Picasso: Las señoritas de Aviñón. Braque: El puerto de Amberes. Casas: La huelga. Música: Schönberg: Primera sinfonía de cámara. Albéniz: Iberia. Mueren Ibsen y Cézanne.

Constitución de la Triple Alianza (Gran Bretaña, Francia y Rusia). En España, triunfo electoral de la Solidaridad Catalana.

1908

Nace W. H. Auden. Yeats: Deirdre. Benavente: Los intereses creados. Antonio Machado: Soledades, galerías y otros poemas. Valle Inclán: Comedias bárbaras. Arte: Derain: Los bañistas, Duchamp-Villon: Torso de mujer. Filosofía: Bergson: La evolución creadora. W. James: Pragmatismo. Kipling, Premio Nobel de Literatura.

Nace Beauvoir, Chesterton: El hombre que fue jueves; France: La isla de los pingüinos. Blasco Ibáñez: Sangre y arena. J. R. Jiménez: Elegías; Pardo Bazán: La sirena negra.

FEDERICO GARCÍA LORCA	CONTEXTO CULTURAL	CONTEXTO HISTÓRICO
	Benavente: *La fuerza bruta*. Menéndez Pidal: edición crítica del *Poema de Mío Cid*. Arte: Chagall: *Desnudo en rojo*. Klimt: *El beso*. Música: Ravel: *Mi madre la osa*. Muere Machado de Assis. Nacimiento de Hollywood. Exposición cubista en la Galería Kahnweiler.	
1909 Comienza el bachillerato en el Colegio del Sagrado Corazón de Jesús.	Nacen Spender, Alegría y Onetti. Gide: *La puerta estrecha*. Maeterlinck: *Pájaro azul*. Valle Inclán: *Gerifaltes de antaño*; *El resplandor de la hoguera*. Pío Baroja: *Zalacaín el aventurero*. Arte: Marinetti: *Manifiesto futurista*. Léger: *Desnudos en el bosque*. Picasso: *Arlequín*. Música: Schönberg: *Piezas para orquesta. O.16*. Webern: *Movimientos para cuarteto de cuerda*. Muere I. Albéniz.	El envío de tropas españolas a Marruecos causa violentas protestas. Dura represión, renuncia Maura y es reemplazado por Segismundo Moret.
1910 Inicia sus primeros estudios musicales con Antonio Segura.	Nace J. Anouilh, Miguel Hernández. Rilke: *Los apuntes de Malte Laurids Bridge*. J. R. Jiménez: *Labernito*. Tagore: *Ofrenda lírica*. Arte: Kandinsky: *Acuarela abstracta*. Matisse: *La danza*. Boccioni: *La ciudad se levanta*. Música: Stravinski: *El pájaro de*	Golpe de estado en Portugal: se instaura la república bajo Teófilo Braga. Sudáfrica se convierte en dominio británico. En España, Canalejas asume el poder, se crea la Confederación Regional de Cataluña. Comienzo de la revolución mexicana.

1911		*fuego*. Webern: *Piezas para orquesta, Op. 6.* Muere Tolstoi, Mark Twain.	Crisis de Agadir entre Francia y Alemania. En España, fundación de la Confederación Nacional del Trabajo. En Portugal, se dicta una constitución liberal. Guerra italo-turca.

Nacen E. Bishop y Sábato, Pío Baroja: *El árbol de la ciencia*. J.R. Jiménez: *Poemas mágicos y dolientes.* Mansfield: *En una pensión alemana.* Chesterton: *La inocencia del padre Brown.* Arte: Duchamps: *Desnudo bajando una escalera No. 1.* Música: Debussy: *El martirio de san Sebastián.* Strauss: *El caballero de la rosa.* Granados: *Goyescas.* M. Ravel: *La hora española. Valses nobles y sentimentales.* Maeterlinck, premio Nobel de Literatura.

1912	Contrae un tifus que por poco lo lleva a la muerte.	Nacen Durrell, J. Amado y Ionesco. Rolland: *Jean Christophe.* Pérez Galdós: *Episodios nacionales.* Azorín: *Castilla.* Shaw: *Pigmalión.* Machado: *Campos de Castilla.* Arte: Kandinsky: *Lo espiritual en el arte.* Música: Ravel: *Dafnis y Cloe.* Debussy: *Juegos.* Muere Menéndez Pelayo.	China es proclamada República. En España, asesinado Canalejas. Estados Unidos invade Nicaragua. Italia obtiene Tripolitania, Cirenaica y Dodecaneso. Primera guerra de los Balcanes. El entente balcánico (Serbia, Bulgaria, Grecia y Montenegro) va sobre Turquía. Independencia de Albania.

1913		Nacen Camus y Arguedas. Lawrence: *Hijos y amantes.* Benavente: *La malquerida.* Proust: *En busca del tiempo perdido.* Fournier: *El gran Meaulnes.* Música: Stravinski:	Segunda guerra de los Balcanes. Bulgaria es derrotada en Grecia y Servia.

	FEDERICO GARCÍA LORCA	CONTEXTO CULTURAL	CONTEXTO HISTÓRICO
1914	Ingresa a las facultades de Filosofía y Letras y de Derecho de la Universidad de Granada; allí conoce a Melchor Fernández Almagro, Martín Domínguez Berrueta y a los hermanos José y Manuel Fernández Montesinos. Recibe clases de guitarra y piano.	Consagración de la primavera. Filosofía: Unamuno: Del sentimiento trágico de la vida. Ciencia: Freud: Totem y tabú. En Nueva York, exposición en la 'Armory Show'.	Estalla la primera guerra mundial con el asesinato del archiduque Francisco Fernando de Austria en Sarajevo. Estados Unidos se convierte en proveedor de alimentos y material bélico para los aliados, inicia una etapa de crecimiento económico y se incorpora al grupo de las potencias mundiales. Finalizan las obras del Canal de Panamá. Invasión de Francia por el ejército alemán; batalla del Marne.
1915		Nacen Paz, Marguerite Duras, Tennessee Williams, Dylan Thomas, Cortázar y Bioy Casares. Gide: Los sótanos del Vaticano. Joyce: Retrato del artista adolescente. Unamuno: Niebla. J.R. Jiménez: Platero y yo. Ortega y Gasset: Meditaciones del Quijote. Arte: Kandinsky: Improvisación. Picasso: Jugador de cartas (periodo cubista). Chagall: El rabino de Vitebsk. Música: Webern: Piezas para orquesta, Op. 10. Prokofiev: Suite escita. Filosofía: Russell: Nuestro conocimiento del mundo exterior.	Nacen Bellow, Arthur Miller, Orson Welles y Barthes. Lawrence: Arco iris. Kafka: La metamorfosis. Maiakovski: La nube en pantalones. Lee Masters: Spoon River Anthology. Arte: Duchamp: La casada desnuda por sus solteros. Música: Falla: El amor brujo.	Fracaso de la campaña de los Dardanelos contra Turquía.

Año			
1916		Berg: *Piezas para gran orquesta.* Debussy: *12 estudios,* Romain Rolland, premio Nóbel de Literatura. Mueren Henry James, Jack, London.	Fracaso de la revolución en Irlanda. Batalla de Somme.
		Blasco Ibáñez: *Los siete jinetes del Apocalipsis.* Benavente: *La ciudad alegre y confiada.* Ortega y Gasset: *El espectador.* Arte: Modigliani. Paul Guillaume. Sorolla: *Niños en la playa.* Ciencia: Einstein: *Elementos de la teoría de la relatividad general.* Música: M. de Falla: *Noche en los jardines de España.* Mueren Rubén Darío y London. Fundación del movimiento Dadá.	
1917	Publica un artículo en homenaje a Zorrilla, en el Boletín del Centro Artístico de Granada. Viaja con Domínguez Berrueta en una expedición a Bueda y Baeza; en esta última ciudad conoce a Antonio Machado que se desempeña como profesor de francés. Muere su profesor de música, Antonio Segura. En prosa: *Fantasía simbólica.*	Nace Böll. Pirandello: *A cada uno su verdad.* T. S. Eliot: *Prufrock and Other Observations.* Huidobro: *Horizonte cuadrado.* Unamuno: *Abel Sánchez.* P. Valéry: *La joven Parca.* J.R. Jiménez: *Diario de un poeta recién casado.* Arte: Modigliani. *Desnudo recostado.* Música: Prokofiev: *Sinfonía clásica.* Creación de los premios Pulitzer. Iniciadores del arte pictórico abstracto se unen en la revista *De Stijl.*	Revolución rusa; los Bolcheviques toman el poder. Estados Unidos entra en la guerra al lado de los aliados. Batallas de Aisne, Flandes y Argonne.
1918	Publica *Impresiones y paisajes.*	Nacen Soljenitsyn y Bergman. Apoli-	Fin de la guerra tras el fracaso de la

FEDERICO GARCÍA LORCA	CONTEXTO CULTURAL	CONTEXTO HISTÓRICO
1919 Publica su primera poesía: *Balada de la placeta* en la *Antología de la poesía española, Santa Lucía y san Lázaro, La sirena y el carabinero, El maleficio de la mariposa* (teatro).	naire; *Caligramas*. Gómez de la Serna: *Pombo*. Horacio Quiroga: *Cuentos de la Selva*. Música: Stravinsky: *Rag-time*. Spengler: *La decadencia de Occidente*. Maugham: *La luna y seis peniques*. Rolland: *Colas Breugnon*. Pound: *Los santos*. López Velarde: *Zozobra*. Arte: Bonnard: *Desnudo ante el espejo*. Música: Prokofiev: *El amor de las tres naranjas*. Falla: *El sombrero de tres picos*. Bartók: *El mandarín maravilloso*. Ravel: *La valse*. Historia: Huizinga: *El otoño de la Edad Media*. Ciencia: Watson: *La psicología desde el punto de vista de un conductista*. Saussure: *Curso de lingüística general*. Muere A. Nervo.	última ofensiva alemana; abdicación del emperador alemán Guillermo II. Establecimiento de una república parlamentaria en Alemania (república de Weimar). Tratado de Versalles. En Estados Unidos se vive una intensa agitación social.
1920 Conoce a Manuel de Falla, con quien tendrá una estrecha amistad. En Madrid estrena su primera obra dramática: *El maleficio de la mariposa*.	Nacen B. Vian y Fellini. Scott Fitzgerald: *De este lado del paraíso*. Valle Inclán: *Luces de bohemia; Divinas palabras*. Paul Valéry: *El cementerio marina*. Música: Taurina: *Sinfonía sevillana*. Arte: Matisse: *La odalisca*. Braque: *El azucarero*. Mueren Modigliani, Pérez Galdós, Max Weber.	La sociedad de las Naciones (SDN) se reúne por primera vez. Los norteamericanos no toman parte. En Alemania aparece el partido Nazi. Resistencia pasiva de Gandhi en la India.

1921	Publica su primera obra en verso *Libro de poemas*. Juan Ramón Jiménez incluye en la revista *Índice* los poemas *El jardín de las morenas* y *Suite de los espejos*.	Ortega y Gasset: *España invertebrada*. Dos Passos: *Tres soldados*. Neruda: *La canción de la fiesta*. D. Alonso: *Poemillas de la ciudad*. Pirandello: *Seis personajes en busca de autor*. O'Neill: *El emperador Jones*. Arte: Picasso: *Tres músicos*. Mondrian: *Composición con rojo, amarillo y azul*. Música: Berg: *Wozzeck*. Honegger: *El rey David*. Muere Saint-Saëns. A. France, premio Nobel de Literatura. Aparece en España la revista *Ultra*.	Campañas del Rif. Fundación del Partido Comunista en España.
1922		J.R. Jiménez: *Segunda antología poética*. César Vallejo: *Trilce*. T. S. Eliot: *La tierra desierta*. Galsworthy: *La saga de los Forsyte*. J. Joyce: *Ulises*. Hesse: *Siddharta*. Sinclair Lewis: *Babbitt*. Arte: Miró: *La espiga de trigo*. Filosofía: Wittgenstein: *Tractatus logico-philosophicus*. Muere Proust. Jacinto Benavente, premio Nobel de literatura.	Conferencia de Washington sobre desarme. Mussolini toma el poder en Italia. Pío XI, papa.
1923	Obtiene la licenciatura en Derecho junto a Guillermo de Torre.	Nacen Calvino, Álvaro Mutis, y Lever- tov. Neruda: *Crepusculario*. Borges: *Fervor de Buenos Aires*. Vallejo: *Fabla salvaje*. Conrad: *El hermano de la costa*. Shaw: *Santa Juana de Arco*. Guillén: *Cántico*. Arte: Beckmann: *El baile de Baden-Baden*. Arp: *Forma unida al infinito*. Chagall: *Idilio amoroso*. Música:	En España, se acentúa la crisis: golpe de estado de Miguel Primo de Rivera, aprobado por el rey Alfonso XIII. Se establece la dictadura. Turquía es proclamada República.

FEDERICO GARCÍA LORCA	CONTEXTO CULTURAL	CONTEXTO HISTÓRICO
1924	Stravinsky: *Bodas*. Schönberg: *Piezas para piano, Op. 23*. Falla: *El retablo de Maese Pedro*. Muere: Mansfield, Julio Flores. Yeats, premio Nobel de Literatura.	Muere Lenin.
	Nace Donoso, Truman Capote. Mann: *La montaña mágica*. Melville: *Billy Bud* (postuma). Neruda: *Veinte poemas de amor...*. J.E. Rivera: *La vorágine*. Valle Inclán: *La cabeza del Bautista*. A. Hitler: *Mi lucha*. O'Neill: *El deseo bajo los olmos*. Alberti: *marinero en tierra*. Mistral: *Ternura*. Música: Stravinsky: *Concierto para piano*. Pintura: periodo abstracto de Picasso. Mueren Conrad, Kafka, A. France y Puccini.	
1925	Viaja a Cataluña en compañía de Salvador Dalí. *Mariana Pineda*. Romance popular en tres estampas.	Desembarco norteamericano en Honduras y Nicaragua. Tratado de Locarno.
	Nacen Clarice Lispector, Yukio Mishima, Rubem Fonseca. Alain: *Propuesta sobre la felicidad*. Fitzgerald: *El gran Gatsby*. Gide: *Los monederos falsos*. Kafka: *El proceso* (postumo). Woolf: *Mrs. Dalloway*. Dos Passos: *Manhattan Transfer*. Babel: *La caballería roja*. Ortega y Gasset: *La deshumanización*	

1926	En la *Revista de Occidente* publica *Oda a Salvador Dalí* y *Santa Lucía y San Lázaro*. En *La gaceta literaria* aparece *La sirena y el carabinero* dedicada a Guillermo de Torre. Reverta. A José de Cina y Escalante.	del arte. Neruda: *Tentativa del hombre infinito*. León de Greiff: *Tergiversaciones*. Th. Dreiser: *Una tragedia americana*. Arte: Picasso: *Tres bailarines*. Miró: *El perro catalán*. Chagall: *El judío errante*. Música: Prokofiev: *Segunda sinfonía*. Ravel: *El niño y los sortilegios*. G. Gershwin: *Rhapsody in Blue*. Nace el "charleston". Cine: Eisenstein: *El acorazado Potemkin*. Chaplin: *La quimera del oro*. Shaw, premio Nobel de Literatura. Nace Foucault. R. Alberti: *Cal y canto*. Hemingway: *El sol también sale*. Güiraldes: *Don Segundo Sombra*. Menéndez Pidal: *Orígenes del español*. Valle Inclán: *Liguzán*. L. Aragón: *El campesino de París*. Kafka: *El castillo* (póstumo). Lawrence: *La serpiente emplumada*. Faulkner: *La paga del soldado*. Arte: Miró: *Perro que ladra a la luna*. Chagall: *El circo*. Magritte: *Los signos en la noche*. Música: Falla: *Concierto*. Berg: *Suite lírica para cuarteto de cuerda*. Mueren Rilke, Monet.	Huelga general en Gran Bretaña. Golpe de estado de Gomes da Costa contra la república portuguesa. Pronto es desplazado por Oscar de Fragoso Carmona. España firma tratado de amistad con Italia.
1927	Expone sus dibujos en las galerías Dalmau en Barcelona. En Sevilla se celebra el tricentenario de	Cernuda: *Perfil del aire*. Proust: *El tiempo reencontrado*. Salarrué escribe teatro infantil inspirado en García Lorca. Surge la	Ruptura de relaciones entre Gran Bretaña y la URSS. En Chile, bajo la presidencia de Carlos Ibáñez, hay tensión social y

	FEDERICO GARCÍA LORCA	CONTEXTO CULTURAL	CONTEXTO HISTÓRICO
	Góngora, García Lorca publica su libro de poesía *Canciones*, *Romance apócrifo de don Luis a Caballo*, *Viñetas Flamencas*, *Romance de la luna de los gitanos*, *Tres historietas del viento*.	"generación del 27" en España. Mauriac: *Teresa Desqueyroux*. Saint-Exupéry: *Courrier Sud*. Woolf: *Al faro*. Hesse: *El lobo estepario*. Arte: Ernst: *La horda*. Magritte: *Los cómplices del mago*. Música: Stravinski: *Oedipus Rex*. Muere Güiraldes. Tricentenario de la muerte de Góngora.	represión contra obreros y comunistas Brasil, Paraguay y Argentina firman un tratado de límites.
1928	Publica *Primer romancero gitano*, poemas de 1924 a 1927; además aparecen *Mariana Pineda*. *Nudadora sumergida y Suicidio en Alejandría*. *Oda a Sesostris* (Fragmento) *Oda al Santísimo Sacramento del altar* (Fragmento). De su prosa, aparecen: *Alternativa de Manuel López Banus y Enrique Gómez Arboleda*. *Historia de este gallo, Última leyenda de la ciudad de Granada*.	Nacen Albee, García Márquez, Salvador Garmendia, Fuentes y Chomsky; J. Guillén: *Cántico*. Uslar Pietri: *Barrabás y otros relatos*. Kafka: *América* (póstumo) y Lawrence: *El amante de Lady Chatterley*. Woolf: *Orlando*. Yeats: *Innisfree, la isla del lago y La Torre*. Huxley: *Contrapunto*. Brecht: *La ópera de dos centavos*. Arte: Miró: *Interiores holandeses*. Chagall: *Los novios de la torre Eiffel*. Música: Ravel: *Bolero*. Schönberg: *Variaciones para orquesta*. Cine: Buñuel: *El perro andaluz*. Mueren Hardy, Blasco Ibáñez y Rivera.	Nace el *Opus Dei* en España. En Colombia, huelga bananera contra la United Fruit Co. En Venezuela, estalla el movimiento estudiantil contra la dictadura de Gómez. Nace en Argentina Ernesto "Che" Guevara.
1929	Dicta una conferencia en Madrid titulada *Imaginación, inspiración y*	Nacen Cabrera Infante y Kundera. R. Menéndez Pidal: *La España del Cid*. Teresa	Crisis económica mundial. Política estadounidense de intervención en América

	evasión en la poesía. Viaja a Nueva York, como estudiante invitado por la universidad de Columbia.	de la Parra: *Memorias de Mamá Blanca.* Hemingway: *Adiós a las armas.* Faulkner: *El sonido y la furia.* Cocteau: *Los niños terribles.* Eluard: *El amor, la poesía.* Gallegos: *Doña Bárbara.* Arte: Picasso: *La mujer sentada en la playa.* Dalí: *Retrato de Paul Eluard.* Música: Berg: *El vino.* Mann, premio Nobel de Literatura.	Latina. Cierre temporal de las iglesias en México. Rebelión contra la dictadura española: hay huelga estudiantil y cierre en la Universidad. Nacen Omar Torrijos y el cura revolucionario colombiano Camilo Torres.
1930	Viaja a Cuba invitado por la Institución Hispanoamericana de Cultura. En Madrid, estreno de *La zapatera prodigiosa.* Publicación de *Martes de Carnaval. Son.*	R. Alberti: *El hombre deshabitado.* T. S. Eliot: *Miércoles de Ceniza.* Pirandello: *Esta noche, improvisamos.* Dos Passos: *El paralelo 42.* Faulkner: Arte: Gargallo: *Danzarinas. Profeta.* Música: Stravinski: *Sinfonía de los salmos.* Bartók: *Cantata profana.* Cine: Buñuel: *La edad de oro.* Filosofía: Ortega y Gasset: *La rebelión de las masas.* Mueren Conan Doyle, Lawrence y Maiakovski. S. Lewis, primer norteamericano que obtiene el premio Nobel de Literatura.	Cambio de gobierno anticonstitucional en Argentina, Perú, República dominicana, Chile, Honduras, Guatemala, y El Salvador. Cae la dictadura del español Primo de Rivera, quien se exila en París y muere. El rey designa a Dámaso Berenguer para reemplazar. La oposición republicana y socialista se lanza a las huelgas.
1931	Publica *Ruina, Vida, Muerte, Nueva York (Oficina y denuncia)* en la *Revista de Occidente.* Aparece *Poema del cante jondo* (1921-1922).	Cernuda: *Los placeres prohibidos.* Unamuno: *San Miguel Bueno, mártir.* N. Guillén: *Sóngoro cosongo.* O'Neill: *El luto le sienta bien a Electra.* Saint-Exupéry: *Vuelo nocturno.* T. S. Eliot: *Marcha triunfal.* Miller: *Trópico de Cáncer.* Woolf: *Las olas.* Faulkner: *Santuario.* Kafka: *La construcción*	Republicanos y socialistas ganan las elecciones en toda España. Alfonso XIII abdica y se exila. Manuel Azaña preside la segunda República española, en medio de huelgas y conflictos obreros.